人文科学译丛

主编 汪民安 张云鹏

北京上河卓远文化传播有限公司　出品

Mots de passe

Jean Baudrillard

密码

〔法〕让·波德里亚 著

戴阿宝 译

河南大学出版社
HENAN UNIVERSITY PRESS

图书在版编目（CIP）数据

密码 /（法）让 · 波德里亚著；戴阿宝译 . — 郑州：
河南大学出版社，2018.8
ISBN 978-7-5649-3467-5

Ⅰ. ①密… Ⅱ. ①让… ②戴… Ⅲ. ①西方哲学－文
集 Ⅳ. ① B5-53

中国版本图书馆 CIP 数据核字（2018）第 204890 号

Mots de passe by Jean Baudrillard

豫著许可备字 -2017-A-0138

密码

著　　者　[法] 让·波德里亚
译　　者　戴阿宝
责任编辑　陈晓菲　侯若愚
责任校对　杨全强
封面设计　周伟伟

出　版　河南大学出版社
地址：郑州市郑东新区商务外环中华大厦2401号　邮编：450046
电话：0371–86059701（营销部）　网址：www.hupress.com
制　作　北京大观世纪文化传媒有限公司
印　刷　河南瑞之光印刷股份有限公司
版　次　2019年1月第1版　　印　次　2019年1月第1次印刷
开　本　787mm × 1092mm　1/32　　印　张　4.25
字　数　55千字　　定　价　40.00元

译者导言　密码：波德里亚理论的玄机

给自己的理论设置密码，或许是那些公认具有原创性的大理论家、大思想家所提出或被阐发的理论创意。其实，如果说理论有密码的话，那肯定不会是别的什么，只能是一些原创性概念，一些旧词翻新后的全新意涵，也由此，一种新的理论话语产生，一种新的思想路径发现，一种新的影响存在，而这也是一种你只有弄懂了才能够、也才有资格去领略的思想家的理论魅力。面对密码，破解密码，还可以说是知识人的一种求知乐趣，一种生命力的呈现，更是一种知识澄明和推进的方式。尽管波德里亚那个时代的法国思想界人才辈出，但是能这样为自己的理论设置密码者为数不多，波德里亚算是其中一位。

说到密码，通常是需要他人来破解的。设密人只要把密码设定好，就算大功告成了。但是，波德里亚非常特别，他不仅自己设定密码，而且还亲自上阵破解密码。在这本小册子里，波德里亚为其设定的十五个密码一一解密，仿佛是要告诉人们：我的奥秘尽在这里。其实，以我之浅见，波老本人的解密或许是一件费力不讨好的事，因为在众声喧哗的今天，在接受理论、读者批评理论乃至跨学科跨文化研究日益流行的今天，他自己的声音再强大，也会随着研究者在不同地域、不同语境下所选取的观照视角而发生改变，甚至被湮没。但这样一来，波德里亚的理论内质和学术价值反而不会因为他本人的任何先入为主的设限和框定而受到约束，也不容易产生那种被严格推崇和遵从的只限于思想家个人的界限和指向。他自己的解密，如果能够成为他人读解时的一种镜鉴、一种参照，就已是万幸了。

这本小册子，看似只有区区十五个密码，而且波老的解码也算是言简意赅，但其内容涉及的时间跨度之长、理论内涵之丰，可以说囊括了波老大半生的理论建构。为了使初涉者对其理论的发展脉络有所了解，作为译者，我在这里勉力提供有关密码设定和波老解码的必要语境以及有助于加深理解的延伸视野。

一、不可错过的“象征交换”

象征交换，我个人认为，是一个不应轻易放过的术语，它在波德里亚的思想发展中起到承上启下的关键作用。

1976 年，波德里亚出版《象征交换与死亡》一书，用道格拉斯·凯尔纳（Douglas Kellner）的话说，这部著作是对马克思研究的资本主义“生产性社会的‘激进否定’”[1]，标志着波德里亚学术生涯的一次根本性转折。之前，波德里亚已经出版了若干重要著作，尤其是《消费社会》（1970）、《符号政治经济学批判》（1972）和《生产之镜》（1973），其核心意涵都是承续马克思的批判精神，集中剖析资本主义的生产和价值。当然，波德里

[1] Douglas Kellner, *Jean Baudrillard: From Marxism to Postmodernism and Beyond*, California: Stanford University Press, 1989, p. 44.

亚在具体文本语境中试图有所创新，比如他在资本主义生产之外格外关注消费问题，在使用价值之外格外关注符号价值问题等，但资本主义生产和价值逻辑始终或隐或现地左右着波德里亚这一时期理论活动的走向。

尽管 1976 年不是什么特别的年份，发生在 1968 年的西方五月风暴表面上看已经渐行渐远，回到书斋成为一种潮流，但是法国思想家对传统形而上学的审视和批判力度仍然不减，而清理门户、对自己的思想进行省思、与之前的行为告别也成为题中之义。可以说，波德里亚的转身集中表现在《象征交换与死亡》的出版上。迈克·甘恩（Mike Gane）甚至称其为波德里亚最重要的一部著作[1]。

一般认为，象征交换的基本意涵来源于莫斯和巴塔耶的相关研究。前者通过对具有原始社会形态的现代部落考察发现，礼物馈赠作为一种交往模式，其特点不在于对礼物使用价值的利用，

[1] Mike Gane, "Introduction", in Jean Baudrillard, *Symbolic Exchange and death*, trans. Iain Hamilton Grant, London, California and New Delhi: Sage Publications, 1993, p. 1.

而在于对礼物象征价值的凸显，礼物交换更多地诉诸部落或族群之间的联谊动机，少实用性，多仪式性。从经济学的角度看，这样的活动甚至是在破坏和耗损财富，其目的只是为了展示交换自身的符号意义，不再顾及物品固有的实用性。后者则提出社会活动中的耗费、浪费、牺牲，比起生产和价值具有更为基础的作用。这是巴塔耶的普通经济学的一个基本思想。西尔维尔·洛特林格（Sylvere Lotringer）在介绍巴塔耶的相关思想时说："1933 年，在读了马塞尔·莫斯的《礼物》之后，巴塔耶把牺牲经济拓展到现代劳动。莫斯用西北美洲印第安人的'夸富宴'模式反对资本（使用和使用价值）的'有限经济'，夸富宴是一种象征交换，物品在夸富宴中被仪式性地破坏，竞争激化到发生暴力的程度。对于巴塔耶来说，唯有无用的耗费才能抵制资本交换的抑制作用。"[1] 波德里亚这样评价说："巴塔耶作品中有一种作为过度原则和反经济原则的死亡观，由此产生了奢侈和死亡奢侈型的隐喻。只有奢侈而无用

[1] Sylvere Lotringer, "Introduction", in Jean Baudrillard, *The Agony of Power*, trans. Ames Hodges, Los Angeles: Semiotext(e), 2007, p. 19.

的消耗才有意义——经济则没有意义……”[1]其实，无论是莫斯还是巴塔耶，他们给予波德里亚的启示在于，象征交换作为资本主义的绝对他者，是一种在资本主义生产、价值和交换法则之外的社会运作形式，这样一种不同的社会形态构架能够达到对资本主义社会秩序发起挑战的目的。因此，波德里亚尝试在围绕象征交换组织起来的前现代社会与围绕生产组织起来的现代社会之间做出区别，从而完成自身的理论转型和思想更替。

象征交换激发了波德里亚畅想有别于资本主义社会的另类社会形态的理论冲动，他甚至假设我们当下有可能生活在一个巨大的夸富宴中：“或许，我们还生活在一种巨大的夸富宴中。在我们划定的区域中，各种各样经济的、解剖的和性的合理性似乎齐心协力，但是，基础的、激进的形式始终是挑战，是更胜一筹，是夸富宴的形式，也因此是否定，是牺牲价值的形式。我们或许可以说，我们仍然生活在一种牺牲模式里，只是不愿意承认而已。不仅不愿意承认，也没有能力承

[1] 让·波德里亚：《象征交换与死亡》，车槿山译，译林出版社，2006年版，第242页。

认因为缺少仪式，缺少神话，我们再也不具备这样做的手段了。”(《密码·象征交换》) 可见，夸富宴之所以至关重要，是因为它作为等价之外的另类交换形式意指了另一种社会关系构建的可能。象征交换的胜利意味着围绕着生产和价值建立起来的资本主义的分配关系、等级制度乃至社会结构被彻底颠覆。

当然，对于波德里亚来说，象征交换不仅仅是一个人类学概念，意指原始社会的交换形式；也不仅仅是一个指向现实的经济学概念，以此作为批判资本主义的有效工具。更值得注意的是，波德里亚在后来的理论叙述中一再援引这一概念的基本精神，试图把这一概念推到理论构建的前沿，此时的象征交换已经脱离了具体的历史语境，上升到普遍性的哲学高度。

波德里亚说过，“象征通常是作为事物的可逆性符号”[1]而出现的，所以象征交换的可逆性特质作为一种思维模式，受到波德里亚的格外青睐，可逆性也由此成为一种思想方式，被设定为西方千百

---

[1] Jean Baudrillard, *Paroxysm: Interviews with Philippe Petit*, trans. Chris Turner, London and New York: Verso, 1998, p. 39.

年流传下来的形而上学的对立物。一般认为，形而上学是一种线性思维，本身具有单一、明晰、封闭、目的不可逆的思维特点。波德里亚提出，形而上学的“价值通常是单向性的，它根据等价系统从一个点移动到另一个点，而象征交换中的价值具有可逆性”，这种“可逆性是生与死的可逆性，是善与恶的可逆性，也是我们根据替代价值构建的所有事物的可逆性”。(《密码·象征交换》)有访谈者这样总结说:“循环之外一无所有。你本人与巴塔耶的差异就在这一点，对你来说，无物溢出循环。”波德里亚进一步解释道:“巴塔耶的普通经济学只是在谈经济，虽然耗费超越了等价法则，但是基础概念还是生产或再生产，还是必需品的消费，还是在寻找被诅咒的部分。相反，在可逆性中，一切都是‘被诅咒的部分’或根本不存在‘被诅咒的部分’，因为没有剩余问题……在这一建构中（我们不再称之为经济），我们完全超越了经济，甚至超越了巴塔耶的普通经济学。”[1]

---

[1] Jean Baudrillard: *From Hyperreality to Disappearance: Uncollected Interviews*, eds. Richard G. Smith and David B. Clarke, Edinburgh: Edinburgh University Press, 2015, pp. 67-68.

巴塔耶所谓“被诅咒的部分”，是指超出实际使用的多余部分的耗费，在使用价值的等价交换之外构建非等价交换——符号交换——所产生的耗费。其实，巴塔耶的耗费概念在实用经济学之外为拓展符号经济学乃至非经济学提供了可能。从耗费走向可逆，波德里亚强调把耗费中的可逆进一步纳入社会学乃至哲学的意义场域。凭借这样一个看似简单的线索，我们就有可能有效地理解象征交换对于波德里亚理论建构非同寻常的意义：从经济的循环到思想的可逆，这是波德里亚构建一条哲学路径的尝试。由此，象征交换的特质——可逆——成为我们观察事物的至关重要的方式。

波德里亚一直感到遗憾的是，《象征交换与死亡》一书的出版以及其中有关象征交换概念的讨论并未受到学界应有的关注。[1] 这也正是我们在这里需要正视这一问题、把象征交换提到应有的高度来认识的切实根据。

[1] Jean Baudrillard: *From Hyperreality to Disappearance: Uncollected Interviews*, p. 61.

二、该是客体大显身手的时候了

从象征交换所奠定的理论改造起步，对于理解波德里亚的思想无疑是一个可取的路径。提出客体的莅临完全可以说是象征交换思维引导下出现的一个更具思想颠覆性的举动，也可以说，这是波德里亚后期理论建构中一个深具冲击力的理论构想。客体在本书的密码中位列第一，其重要性可见一斑。

波德里亚之所以选定客体作为他后期实施理论变革的对象，主要原因之一在于，在形而上学设定的各种二元对立中，主体和客体的对立是一种最基本的关系形态，其他的二元对立，比如真与假、善与恶、表象与本质、感性与理性，都可以说是主客体对立关系的某种意义上的衍生和延伸。从客体出发，挑战主体，颠覆传统形而上学，无疑会取得事半功倍的效果。

按照德里达的洞见，形而上学的二元对立构成等级秩序的根基，其中一方始终处于上位，控制和压抑另一方，这样的情形具体可能表现为逻各斯中心主义乃至语音中心主义，也集中体现在德里达眼里的在场形而上学中。德里达对这一问题的解决方案是延异性解构，通过抹平一切来消解任何一方的独断性，从而彻底摧毁在场形而上学，由此“所有形而上学概念对立（能指和所指、感性和理性、文字和言语、言语和语言、历时性和共时性、空间和时间、被动性和主动性等等）——因为它们最终都指涉某种现存事物的在场——就变得不恰当了”[1]。与此相对照，波德里亚的“解构”也算是独辟蹊径：在主体和客体二元对峙中，客体改变自身甚至抽离自身，彻底拆解二元中的等级关系，使主体失去控制对象的任何可能，从而谋求在客体的脱域和蜕变的意义上摧毁传统形而上学。这不能不说是波德里亚与德里达异曲同工的理论抱负。用波德里亚的话说，这一举动企图实现所谓的“水晶复仇”。

一次访谈中，波德里亚在回答何谓“水晶复仇”的问题时说：“我称之为的‘水晶复仇’……什么是‘水晶’？它就是客体，就是纯客体，就是纯事件，是不再有起始和结束的东西。客体是

[1] 雅克·德里达：《多重立场》，佘碧平译，生活·读书·新知三联书店，2004年版，第33—34页。

主体始终想给予起源和目的之物，尽管它从来不曾如此，今天它开始重述自身。”[1] 按照波德里亚的构想，“水晶复仇”的第一步就是客体脱离主体的控制，去除主体为客体设置的一切特征，使自身成为一个纯粹的客体存在；接下来，客体凸显自身的特质，而这一特质在相当长的时间里被主体遮蔽。而“水晶复仇”最为关键的一步是使主体缺席，从而谋求客体的纯粹性和自主性。波德里亚说：“在我看来，客体几乎在激情燃烧，或至少它想拥有自己的生命；它可以抛弃使用的被动性而谋求自主性，或许甚至谋求一种对过度控制它的主体进行复仇的能力。客体一直被视为一个惰性而沉默的世界，按照我们的意志去行事，基于我们创造了它这一事实。但是对我来说，那个世界想要倾吐其使用性以外的东西。作为符号王国的一部分，这里的一切都不简单，因为符号总是抹消事物。所以，客体设定了真实的世界，还设定了真实世界的缺席，尤其是主体的缺席。”(《密码·客体》) 这就是客体反抗主体的致命策略。

---

[1] *Baudrillard Live: Selected Interviews*, ed. Mike Gane, London and New York: Rouledge, 1993, p. 51.

其实，早在20世纪60年代出版《物体系》（或可译为《客体系统》）之时，波德里亚的视野就已经延及物（客体）的问题。只不过受当时流行的结构主义影响，他更多地试图通过某种结构法则来观察物（客体），弄清楚物（客体）的关系特点和运作方式。值得注意的是，即使在这一语境的制约下，波德里亚还是独具慧眼地发现了一个有关物（客体）存在的特别现象，即科技对于物（客体）存在的根本性影响。“物的科技层次变化是本质的，而物在其需求及使用的心理或社会学层面的变化则是非本质的。”[1] 这是一个非常诱人的观察，因为它有意无意地把主体（直接）参与物（客体）的程度降到了最低，从而使物（客体）在具有客观性质的技术层面（结构）获得了某种意义上的自主发展空间。这一观察完全可以引申出在主体之外把物（客体）区分为两个层次乃至两种意义，即物（客体）的本义和物（客体）的引申义。波德里亚尤其指出，后者中的“物品被心理能量所投注、被商业化、个性化，进入使用，

[1]　布希亚：《物体系》，林志明译，上海人民出版社，2001年版，第3页。

也进入了文化体系”[1]。这样一来，客体的引申义其实就是在主体为客体设定的语境里客体被赋予的意义，也是客体丧失自我的一个挥之不去的语境。二十多年过去了，结构主义已经黯然失色，科技进步的大潮依然汹涌澎湃，科技的长足发展进一步加深了与人类社会离心离德的倾向，人类中心主义或主体哲学受到来自科学技术独立发展的深刻挑战。某种意义上，客体在科技的护佑下进一步获得了前所未有的摆脱主体自我发展的可能，尽管表面上主体与客体的二元对立模式还居于人文话语的主导地位，主体似乎还在极力影响着客体乃至整个世界的流变。其实，除了科技高度发展产生的深刻影响之外，近百年来西方思想家对传统形而上学的持续批判，也是令人类中心主义和主体哲学呈现式微态势的重要原因。

与尼采宣布上帝已死、海德格尔破解存在之谜、德里达颠覆等级秩序、福柯走向历史谱系等不同，波德里亚借用水晶隐喻，部署了主体哲学内部的客体复仇计划，从而为客体最终摆脱主体、

[1] 布希亚:《物体系》，第 7 页。

超越主体找到了希望。应该说，这是一种全新的理论立场，也是一种瓦解主体哲学的最大胆的策略。“主体的立场已不再稳固，而唯一可能的立场就是客体的立场，唯一可能的策略是客体的策略。应当注意的是，此处我们所说的‘客体’，并非是反异化进程中被异化了的客体，也不是那些声称自己与主体一样拥有自主权的被奴役的客体，而是那些挑战主体并将主体推回到不可能立场上去的客体。”[1]那么，这样的客体到底会具有怎样的理论能量和魅力呢？

这里至少可以先从两个视角初步认识一下这个不容小觑的客体。

（一）大众作为客体。波德里亚提出：“从象征交换开始，超越主体策略的企图一直存在，超越主体——知识主体、历史主体、权力主体等等，来到客体一边——在社会学意义上，回归大众……”[2]大众，构成了波德里亚眼中的革命性

---

[1] 让·波德里亚：《致命的策略》，刘翔、戴阿宝译，南京大学出版社，2015年版，第162页。

[2] Jean Baudrillard, *From Hyperreality to Disappearance: Uncollected Interviews*, p. 62.

客体。波德里亚写过一本小册子，专门讨论所谓“沉默的大多数”的问题。把社会中沉默的大众归于客体，波德里亚的意图是要引来一场对主体的彻底抵抗。“大众退到沉默中之后……它不再被人们谈论、言说和代表”，表面上看，“大众无法实现解放的图式，实现革命和历史的图式，然而这就是它的自卫方式，它自己的反制方式”[1]。表面上看起来沉默的大众，实际上完成了作为无法被代表、被异化、被占有的客体的真正存在。

（二）客体诱惑对主体欲望的颠覆。波德里亚有关客体诱惑的论述，别出心裁地给主体欲望的合理性来了个釜底抽薪般的解构。“在我们的欲望哲学里，总是由主体发出欲求，因而主体总是拥有绝对的特权，然而，如果我们从诱惑的角度来看，那么一切就都颠倒过来了——不再是主体来欲求，却是转而由客体来引诱。一切都由客体出发并回归于它，正如一切都始于诱惑而非欲望。主体古老的特权被推翻了。”[2] 诱惑其实是波德里

[1] 让·波德里亚:《艺术的共谋》，张新木、杨全强、戴阿宝译，南京大学出版社，2015 年版，第 135—136 页。

[2] 让·波德里亚:《致命的策略》，第 160 页。

亚后期理论构建中一个更大、更具雄心的话题，它把波德里亚引向客体彻底征服主体的不归之途。

当然，波德里亚设计的“水晶复仇”，无疑是基于对主体压迫的反抗，基于对传统形而上学的颠覆，同时也迎合了历史发展的潮流，只是他更为敏锐地意识到，客体地位的翻转已经不再仅仅是一个科技进步的问题，至少从社会大众被视为“沉默的大多数”，到客体诱惑对主体地位的颠覆，这一转变已然为我们打开了一个可以对哲学理念和思维方式进行变革的新视野。

三、虚拟到底意味着什么

虚拟作为波德里亚后期理论的关键概念之一，与拟真、超真实有着不同程度的交集。只是这里的虚拟，波德里亚为它设定的是一个完全的哲学语境，而以往与虚拟相关联的资本主义社会的科技和文化被暂时搁置起来。

波德里亚说：“要使真实世界存在，本质上就是生产那一世界，真实只是拟真的一种形式。必须承认，我们可能会引发现实—影响、真相—影响或客观—影响，但是本质上，真实并不存在。虚拟就是从象征过渡到真实这一双曲函数上的值，真实是其零度。在这一意义上，虚拟与超真实概念相吻合。虚拟的现实，可以说是同一化、数字化和‘操控化’的完美的现实，因为它完美、可验证和非矛盾，所以取代了另一种真实。由于它更加‘完整’，因此比我们已经建立的仿像之物更加真实。”(《密码·虚拟》)在这一有关虚拟的描述中，波德里亚使用了两个与虚拟性质相同、语境相接的重要概念，一是拟真，一是超真实。我猜想，这本小册子之所以未单列出这两个在后期使用频率非常高的重要概念，最大的可能性在于，虚拟的出场完全可以胜任波德里亚设定的理论任务。

在谈论虚拟之前，我们有必要了解一下波德里亚有关仿像秩序的构想，从这一构想出发可以初步理解波德里亚拟真理论发展的大致脉络。

有关仿像秩序的构想，最早出现在波德里亚《象征交换和死亡》第二部分“仿像的等级”中，而值得注意的是，这同一部分内容，在7年后的

1983年，波德里亚又以单独小册子的形式重新推出，取名为“拟真”。这一做法既表明了象征交换与拟真的关系，也凸显了拟真在波德里亚心目中的分量。

波德里亚的仿像秩序有如下三种递进形态或发展阶段（“仿像的三个等级”）：

> “仿像的三个等级平行于价值规律的变化，它们从文艺复兴开始相继而来：
>
> ——仿造是从文艺复兴到工业革命的‘古典’时期的主要模式。
>
> ——生产是工业时代的主要模式。
>
> ——仿真是目前这个受代码支配的阶段的主要模式。
>
> 第一级仿像依赖的是价值的自然规律，第二级仿像依赖的是价值的商品规律，第三级仿像依赖的是价值的结构规律。”[1]

[1]　让·波德里亚：《象征交换与死亡》，第67页。Jean Baudrillard, *Simulations*, trans. Paul Foss, Paul Patton and Philip Beitchman, New York: Semiotext(e), 1983, p. 83.

值得指出的是，三种秩序（等级）中的第三级仿像——拟真，是直接针对我们当下社会状况的一种描述，或更贴近这里所涉及的虚拟问题。波德里亚分析说："这里，我们进入第三级仿像。不再有第一级中那种对原型的仿造，也不再有第二级中那种纯粹的系列：这里只有一些模式，所有形式都通过差异调制出这些模式。只有纳入模式才有意义，任何东西都不再按照自己的目的发展，而是出自模式，即出自'参照的能指'，它仿佛是一种前目的性，唯一的拟真性。我们处在现代意义上的仿真中，工业化只是这种仿真的初级形式。归根结底，重要的不是系列复制性，而是调制，不是数量等价关系，而是区分性对立，不再是等价原则，而是各项的替换——不再是价值的商品规律，而是价值的结构规律。不仅不应该在技术和经济中寻找代码的秘密，相反，应该到代码和仿像的起源中去寻找工业生产的可能性本身。"[1] 可见，波德里亚的拟真，其要害处在于对模式的设定。不要小看模式，它之所以至关重要，

[1] 让·波德里亚：《象征交换与死亡》，第 78 页。

就因为它替代源头即真实成为一种终极参照乃至归依，是一切存在的前提和基础，任何脱离模式之物都不再具有真实性，也就失去了存在的价值。

真实问题一直是西方哲学的基本问题。一般认为，哲学的要义在于对真实的揭示，而这一揭示的最大可能就是回归事物的本真或者说回归现实的本质，真实理论是一种去伪存真的追索和辨析。这样的哲学诉求在波德里亚的理论构想中失去了合理性，因为波德里亚首先取消了传统意义上的真实，归真的任何企图都是虚妄的，因为真实根本不存在，因此这样的诉求也不再要紧，要紧的是，一个替代物堂而皇之地莅临，那就是波德里亚隆重推出的模式。模式是代码性的，它替代真实而具有了真实的地位，如今的一切仿造、生产都是模式之上的拟真，模式先于一切而存在，模式具有绝对的根源性。萨拉·休恩梅克（Sara Schoonmaker）在总结波德里亚的这一思想时说："当客体依照二元模式被复制时，它们确实变得不仅彼此难以区分，而且与生产它们的模式也难以区分了。现实消失在复制过程的极限处。真实不再仅仅被复制，而且'它总是已经被复制'，这就是超真实。在现实和再现、客体与符号之间，不再会有可见的差异。超真实是完全拟真化的，是根据模式复制出来的。”[1] 显然，波德里亚这一理论构想的要旨在于，不再是真实，而是模式成为一切存在的根基。超真实就是这样依据模式建立起来的超越真实的“真实”，而拟真则是一条通向超真实的必由之路。

从这一视角观察，虚拟就是拟真的翻版或进一步延展，是一种更带有技术色彩的拟真。波德里亚说，“是虚拟在思考我们：当下不需要思想的主体，也不需要行为的主体，一切都在技术的调控下发生”。（《密码 · 虚拟》）还说：“存在一种对于虚拟及其所有相关技术的积极迷恋。”（《密码 · 虚拟》）这种说法凸显了技术在虚拟生成中无可替代的作用。波斯特描述得更为真切：“在 20 世纪 90 年代，波德里亚的重要概念拟真变得与另一个概念相互缠绕起来，那就是虚拟。如果拟真依赖电视文化，那么虚拟则更进一步错综复杂地联

[1] Sara Schoonmaker, “Capitalism and the Code: a Critique of Baudrillard’s Third Order Simulacrum”, in Douglas Kellner(ed.), *Baudrillard: A Critical Reader*, Massachusetts: Basil Backwell Ltd, 1994, p. 171.

系于与人类形影不离的信息机器——互联网。”[1]从电视文化到互联网文化，技术的升级换代进一步促进了虚拟对拟真的更替，或者说虚拟对拟真的深度吸纳。

在讨论超真实的拟真特质时，波德里亚提出的最令人意想不到的例子是美国，美国自身成了一个具有典型意义的拟真现象。1986 年，波德里亚出版《美国》一书。这是一个表面看上去类似游记的文本。波德里亚在书中宣布了一个重大发现，那就是美国是依据超真实模式建构起来的。无论是具有帝国景象的五光十色的纽约，还是与欧洲相比已经是“实现了的乌托邦”的美国的现实，再有就是象征美国精神特质的“永远的沙漠”奇观，面对这一切，波德里亚甚至说：“这是一个没有希望的国家。甚至连垃圾都是干净的，贸易是顺畅的，交通是平和的……生活如此流畅，符号和信息如此流畅，身体和汽车如此流畅，头发如此金光闪闪，管理技术如此华丽精致”。这样的美国难道真实吗？它怎么可能不是超真实玩弄的

[1] Mark Poster, 'Introduction', in Mark Poster(ed), *Jean Baudrillard, Selected Writings*, California: Stanford University Press, 2001, p. 8.

把戏呢？已经是“实现了的乌托邦”的美国简直要逼迫欧洲人去自杀，“以抵销海洋的完美，光的完美，抵销生活的荒诞的便利性，抵销这里的每样东西的超真实性”[1]。如此“完美”制造的超真实，如同我们事先已经有了一个脚本，这是一个与预制脚本高度吻合的美国，是脚本的高仿真复制品。显然，波德里亚笔下的美国，其实是科幻作品里的美国，而不是现实主义文本中的美国。[2]在一次回答相关问题时，波德里亚提及美国作为一个书写对象的特殊性：“我没有想试图接近美国的实体或本质，而是置身于另一个世界。对我来说，它是一个极具魅力的他者。它不是令我感兴趣的政治的或经济的现实，而是一种新大陆的平庸性质的变形——不是地理的，而是心理的。我是在电影院银幕上经历的美国。美国成为假设性的几乎没有历史的实验性国家。”[3]还说：“美国既不是梦也不是现实，它是一种超真实……美国人

[1]　让·波德里亚：《美国》，张生译，南京大学出版社，2011年版，第208页。

[2]　*Baudrillard Live: Selected Interviews*, p. 132.

[3]　Jean Baudrillard, *Paroxysm: Interviews with Philippe Petit*, pp. 79–80.

完全体会不到拟真的意义。他们自己即是最完美的拟真形式，但是没有掌握拟真的语言，因为他们本身就是模特。”[1] 这就是波德里亚构想的美国的超真实状况。这是一个完全模式化和银幕化的美国，美国人不但把生活建立在拟真的银幕中，甚至还得充当演员。

要说虚拟与超真实到底有何不同，我以为超真实还是无法脱离以真实（现实）为轴心的理论冲动，一种趋真理想左右超真实的认定，尽管在波德里亚眼里超真实已经是一种以模式为基础构建的比真更真之物。而虚拟则已经摆脱了真实与否的思维模式，从根基上就处于一种与真实完全分离的独立状态。虚拟固然需要模式，但是这种模式已经成为无源可溯的东西，由此发展出一种虚拟自身的非真逻辑。当然，虚拟的独具特色有赖于当代高技术的鼎力相助，互联网为虚拟提供了有别于超真实的虚拟环境，超真实成为进入虚拟的一种准备。

海湾战争是波德里亚论及虚拟时所使用的一

[1] 让·波德里亚：《美国》，第 47 页。

个成功的范例。《海湾战争从未发生》（1991）一书包括波德里亚前后写过的有关海湾战争的三篇文章，分别发表在海湾战争发生前、过程中和结束后，构成了一个有关海湾战争的文本系列。其中第二篇《海湾战争真的在发生吗？》强调了这一战争的媒体事件性质。波德里亚有这样一句名言："媒体在推销战争，战争在推销媒体，而广告在与战争较量。"[1] 保罗·巴顿（Paul Patton）由此分析说，波德里亚"质疑作为媒介事件的海湾战争的本质。这不是热战，而是仿像战，是一个虚拟的事件，与其说它是真实战场的再现，不如说它是为了各方多种政治和战略目的制造的一个奇观"[2]。波斯特也用波德里亚对海湾战争的分析来作为虚拟出场的实例。他说："早在1991年，波德里亚的写作中就已经开始出现'虚拟'和'虚拟的现实'等术语。但是，这些词语是与'拟真'一起使用的，并且不存在任何差异。比如有关

[1] Jean Baudrillard, *the Gulf War Did not Take Place*, trans. Paul Patton, Sydney: Power Publications, 1995, p. 31.

[2] Paul Patton, "Introduction", in Jean Baudrillard, *the Gulf War Did not Take Place*, p.10.

1991 年的海湾战争，他在颇具争议的《海湾战争从未发生》中写道：‘就是因为惧怕真实，惧怕一切太过真实，我们创造了一个巨型拟真者。我们青睐虚拟超过真实的灾难，而其中电视是一个普遍的镜像。’虚拟等同于超真实或拟真。”[1] 仅就两个术语所意指的对象而言，波斯特认为拟真与虚拟并无区别，这一点并不为过，但是我们必须看到技术的发展对于人类社会的重构作用，互联网时代已经完全超越了电视时代。从这一意义上说，虚拟区别于拟真，或者说深化了拟真，更有助于我们廓清虚拟的理论价值。

四、诱惑：在女性主义之外

传统观念中，诱惑与性密不可分，波德里亚却要把诱惑与性分开，认为诱惑与传统意义上的性少有关联，甚至是对性观念的某种意义上的瓦解。如果说以往的性观念是建立在弗洛伊德对性

---

[1] Mark Poster, “Introduction”, in *Jean Baudrillard: Selected Writings*, p. 9.

的规定的基础上的，性即指男性，或者说性只有一种，即是男性，那么波德里亚视野里的性则是指向女性，诱惑是原来作为性对象的女性所发出的。这一主张既是对弗洛伊德观点的批判，也是对女性主义主张的矫治，更可以说是波德里亚所谓的客体获得胜利的别种呈现。凯尔纳由此指出："波德里亚委婉地暗示那些法国女性主义者（如德里达或露丝·伊利格瑞）想要重新根据'女性'一词来定义性，实际上是在用性的男性生产模式进行操作。比如伊利格瑞把女性的性快感和性高潮作为性的模式，主张一种'女性'的、性的非菲勒斯中心模式，是多样态的、弥漫性的、非一元的和差异的，而不是线性的、菲勒斯的和射精的。"这样的主张其实是女性主义在自然化女性自身。[1] 也就是说，尽管波德里亚坚持认为诱惑来自女性，但是这里的女性并不是女性主义鼓吹的女性，女性并不是指她们的生物性，要尽力避免"解剖即命运"的陷阱。波德里亚以诱惑颠覆男女之间的二元对立，主张女性不可再以自然

[1] Douglas Kellner, *Jean Baudrilard: From Marxism to Postmodernism and Beyond*, pp. 144.

来解释，而是一种超性的存在。从这一意义出发，波德里亚试图赋予诱惑以更大的理论视野。

如果按照常态由诱惑联想到性——无论是男性还是女性，哪怕由此进一步想到女性主义和精神分析，波德里亚在这里设定和破解诱惑这一密码的意义都会弱化很多，甚至会有不得要领之感，因为波德里亚一上来就特别强调："在我看来，诱惑领域从根本上抵制生产领域。它不再是一个推出物品、制造物品、为价值世界生产物品的问题，而是一个对物发出诱惑的问题——也就是说，是一个从价值、身份和现实中把物剥离出来，注定其成为表象游戏、成为象征交换的问题。象征交换起初在经济上有自己的目标：物品的象征交换——像在夸富宴中那样，然后是死亡的象征交换，再后来是性的象征交换。性的到来有点收窄了这一场域。我所理解的诱惑涉及一切，不仅仅是指性别之间的交换。"（《密码·诱惑》）可见，关于诱惑，至少还应该格外留意两点：一是诱惑与生产的关系，一是诱惑与表象的关系。

1979 年，波德里亚出版了《论诱惑》一书。按照英译者布莱恩·辛格（Brian Singer）的说法，诱惑始于宗教，最初是魔鬼的一种策略。18 世纪，诱惑负载着勇气和荣誉之名，是当时的贵族圈子里大家热衷追逐的焦点所在，而资产阶级革命的到来终结了这一现象。资本主义时代，自然和生产成为整个社会的主导因素，诱惑遭到排斥，被认为是一种致命的威胁。诱惑从不归属于本性，而是诡计；从不归属于能量，而是符号和仪式。这就是为什么资本主义生产不断驱逐诱惑的原因。当然，诱惑不顾处境的险恶，一直在等待着神的秩序的毁灭，包括生产和欲望的秩序的毁灭。[1] 这可以看作一个简要的诱惑谱系学。而今，诱惑成为波德里亚着力下的一个理论赌注。

我以为，如果说客体对波德里亚后期瓦解传统形而上学别具意义，那么诱惑则为客体的瓦解活动提供了场所和路径。可以感觉出，波德里亚对诱惑的发现非常得意，也非常在意，他甚至试图使诱惑给人留下这样的印象，即它具有成为一种具有包罗万象功能的革命性理论话语的潜质。

先来看波德里亚为诱惑所做的与生产对立的

---

[1] Brian Singer, "Introduction", in Jean Baudrillard, *Seduction*, Brian Singer, Basingstoke, England: Macmillan, 1990, pp. 1-2.

设定。“诱惑似乎涉及所有那些瓦解了积累系统，瓦解了生产系统的形式。”（《密码·诱惑》）当然，在波德里亚这里所谓的生产是指以生产为基础构建的现代话语体系，涉及权力、价值、意义、主体、身份、自然、欲望、真实、性等等，“它们以各种方式始终不渝地坚持着在场、增长的不可或缺，始终不渝地以肯定存在的不可剥夺来抵制否定、毁灭和缺席”[1]，它们遵循着同样的在场逻辑、物化逻辑、不可逆的逻辑，因此，这里的一切都与诱惑格格不入。这里简要地看一下建立在生产之上的性和真实在与诱惑遭遇时被颠覆的情形。

波德里亚认为，在我们的文化中，性观念似乎已经战胜了诱惑，并使其成为附庸，但实际上纯粹的性是不可能的，人们无论如何都难以摆脱诱惑。“角斗的逻辑、礼仪的逻辑，还有诱惑，比起性来说都更为强大。与权力一样，性从来不是最终的目的。”[2] 波德里亚以电影《感官世界》为例对此进行了说明。在这样一部以最大限度地描

---

[1] Bictoria Grace, *Baudrillard's Challenge: A Feminist Reading*, London: Routledge, 2000, p. 142.

[2] Jean Baudrillard, *Seduction*, p. 44.

写性行为、性享受为目的的影片中，那对夫妇表现出了疯狂的性爱，即便如此，此时性爱的“意义不再指向感官，感官动作起码不再是感官性的，也不再被神秘或形而上学所笼罩。它的逻辑成为一种挑战逻辑，这是双方彼此调情推升的结果。或者更确切地说，事件的关键之处在于，从一开始由男人主导游戏的快乐逻辑过渡到挑战和死亡逻辑，这是女人推动的一个必然结果，女人变成了游戏的主人，最初她只是性对象而已。这是女性原则带来的性 / 价值的翻转，转向一种诱惑的角斗逻辑”[1]。波德里亚这里想要强调的是，性事件的任何在场都不具有自控性，也不具有单一的对象性和目的性，这种传统形而上学的性观念在面对诱惑时，必然失去其合理性而遭遇瓦解。至于真实问题，波德里亚说过：“真实从未吸引过什么人。它是祛魅的场所，是以积累对抗死亡的仿像的场所。没有比这更无聊的了。有时让真实（也即真相）充满魅力的，恰恰是其背后的想象性灾难。”[2]“尤其是在今天，真实仅仅是死亡

[1] Jean Baudrillard, *Seduction*, p. 44.

[2] Jean Baudrillard, *Seduction*, p. 46.

物质、死亡躯体和死亡语言的囤积，是废物的沉积。”[1] 可见，波德里亚认定诱惑眼里的真实只能是一种“想象性灾难”，因为真实存在的条件是纯粹性和单一性，遵循着不可逆逻辑，而这一切无一不是依照生产系统运作的合理性来设定的。说到底，无论是性还是真实，它们始终谋求自身存在的一劳永逸性，其所构建的存在极力追求和扩大透明、可控、积累、增长、不可逆，从而逃避被替代，逃避死亡。而诱惑的初衷恰恰就是对这样的生产秩序的颠覆。布莱恩·辛格在英译本导言中说：“诱惑从不属于本真的秩序，而是属于花招的秩序；从不属于能量，而是属于符号和礼仪。这就是为什么所有生产和解释的伟大系统都极力从它们的概念领域排斥诱惑……诱惑期待着每一种神的秩序的毁灭，包括生产和欲望。诱惑持续对所有正统显现为恶意和花招，这是一种偏离所有的真理、提高符号的恶意使用，实施符号阴谋的法术。”[2] 诱惑表达了波德里亚理想中替代行为的优先性。不能不说，诱惑对欲望的替代，其实

---

[1] Jean Bandrilland, *Seduction*, p.46.

[2] Brian Singer, “Introduction”, in Jean Baudrillard, *Seduction*, p. 2.

是客体对主体替代的反映，是客体对主体的胜利的必然结果。

在生产之外，波德里亚还赋予诱惑占据和开掘表象的意图，也就是说，在成为花招、诡计、法术的礼仪和符号之后，它把自身施展的空间完全落实在了表象之上。波德里亚为诱惑制造了一个表层重于深层的事件语境，而这一对表层的征用无疑具有彻底的颠覆性。这里的表层不再等同于形而上学之表象，而是彻底拒绝本质的表象。表层不再仅仅是外表，后者往往给人一种肤浅、浮泛，甚至虚假而不及本质的印象。表层同样具有深度，这是一种以反讽形式出现的诱惑之力。波德里亚以“表层的神圣视野”为名对此进行了描述:“相反，诱惑中的显在话语——最为‘表层’的话语——（有意识或无意识地）返回深层秩序，为的是废除这一秩序，用表层的魅力和幻觉取而代之。这些表层不再毫无意义，而成为一个游戏和赌注的场所，一个激情偏离的场所……”[1] 显然，波德里亚眼里所谓的“表层的神

[1] Jean Baudrillard, *Seduction*, p. 54.

圣视野”，就是表层构造对深层进行无情瓦解的视野。这里值得注意的是，从话语入手，对显在表层的凸显，对表层游戏颠覆深层秩序的强调，透露出波德里亚尝试从内在（真相、本质）走向外在（外表、表象）、摧毁传统形而上学之路径。不过，这一路径最具魅力之处在于，波德里亚不仅设定了表层游戏的意义，把表层的范围拓展到话语之外，而且使用了一个更具震撼力的表述，那就是“表层的深渊”。

以往浅平的表层，现在被波德里亚以“深渊”命名。“表层”真的具有可怕的“深度”？何以如此？其实，波德里亚有一句总结性断语说得再清楚不过：“祛魅的拟真：色情——比真还真——仿像的极致。施魅的拟真：错视画——比假还假——表层的秘密。”[1] 显然“表层的深渊”来自“表层的秘密”，这一秘密就是拟真制造的秘密，就是“比真还真”、“比假还假”的拟真制造的秘密。唯有如此，波德里亚才能为表层赋予深度，这个深度意味着“使存在进入游戏成为一种伦理，这是

---

[1] Jean Bandriuand, *Seduction*, p.60.

一种具有灵活、可逆形式的场域……”(《密码·诱惑》)。这为对波德里亚“表层的深渊”的观察提供了非同一般的解读路径，其实表层的深度就在于内含其中的礼仪性、游戏性，这是一种二元基础上的可逆，也是拟真意义上的表征。拟真只做表面文章，因为它是瓦解了本质、本真、本义之后的表层装扮。一旦表层和深层失去传统意义上的二元对立，一旦深层被表层消解和掩埋，那么表层就成为凸显之物，甚至唯一之物。波德里亚在论述“表层的深渊”时以“逼真的假象”笼罩文艺复兴透视法之后出现的情形为例。他分析指出:“一个不同的世界占据了前景，这是一个没有视野的世界，如同置于眼前的一面不透明的镜子，后面空无一物。坦白地说，这就是表层的王国。不是你在看物，而是物在看你。它们没有从你的视线中逃逸，而是身负着光晕出现在你面前，似乎来自另一世界。”[1] 可见，波德里亚想象中的表层已经不仅仅是一种拟真化的自我表演，而且进一步发出了一种欲求控制对方的诱惑。这是波德

[1] Jean Baudrillard, *Seduction*, p. 63-64.

里亚的表层的魅力和潜力之所在。

有关诱惑的价值，马克·波斯特（Mark Poster）企图在一个更大的理论语境中加以观照。他这样评价说："在《论诱惑》中，波德里亚转向对人文主义提出质疑的后结构主义批评。这种否定事物的表层'显现'、强调深层结构或本质的理论，包括马克思主义、精神分析和结构主义，遭到了新一轮抨击。这种理论的解释策略赋予合理性形式以特权。为了反对这一切，波德里亚推崇尼采的'真相'批评，以及一种以他所谓的'诱惑'为基础的模式。诱惑作用于表层，以此挑战那种超越表层而深入内部的主张……"[1]

五、我们何以难逃命运的羁绊

在《论诱惑》一书的最后，波德里亚论及命运。参照本雅明为作品设定的谱系，波德里亚也

[1] Mark Poster, "Introduction", in *Jean Baudrillard, Selected Writings*, pp. 5-6.

为诱惑设定了三个阶段（或者说三种形态），即礼仪阶段、美学阶段和政治阶段。这样的三个阶段分别以比如二元性、魔术、女性和性欲、策略和游戏、技术复制等为基本特征。波德里亚提出的最后结论是："解剖不是命运，政治也不是命运：诱惑才是命运。"[1] 按照波德里亚的理论逻辑，诱惑的要害在于无处不在，无所不能，它构成世间的命运，构成人的命运。其实，当波德里亚决定颠覆生产和价值，随之消解线性和确定，甚至驱逐主体和目的之时，在某种意义上敞开了通向非确定和不可知的大门，也就暗中打开了潘多拉盒子释放出命运。

波德里亚曾讲述过一个有关撒马尔罕的故事。

> "那个士兵中午在市场的路口碰到死神，并相信他看到死神向他这个方向做了一个威胁性的手势。士兵赶紧跑进王宫，请求国王赐予他一匹最好的马，以便趁黑夜逃离死神，一直逃到遥远的撒马尔罕。听闻此言，国王召唤

[1] Jean Baudrillard, *Seduction*, p. 180.

> 死神入宫，责备他吓到了他最好的仆人之一。然而，死神很是惊异，回答说：‘我可没想吓唬他。只是我在这里见到这个士兵很吃惊，我们约定好明天在撒马尔罕见面的。’”[1]

这则故事首次出现在波德里亚的《论诱惑》一书中，《密码》中也提及了这则故事，内容大同小异。撒马尔罕的故事到底说明了什么？表面上看，波德里亚是在说，人根本无法摆脱命运的控制。对人来说，命运是一种确定的、不可逆的形式，它按照自身逻辑运作，不受任何外界干扰。命运之所以时常会捉弄人，恰恰就在于命运具有超人的能量，具有谜一般的神力，而人身处命运中，无论想要逃离命运还是把握命运，都会遭到命运的戏弄，甚至导致了人自身的悲剧性。所以，命运在人之上、之外神秘地操控着人，人的一切只能是命中注定。用波德里亚的话说：“你无法解释它的原因，但某一刻它定义了所有因果性，这种因果性来自别处，却带有这种神秘的目的。”

---

[1] Jean Baudrillard, *Seduction*, p. 72.

(《密码·命运》)命中注定，这一看似宿命论色彩浓烈的说法表明：命运是任何人都必须面对而又不情愿面对，任何人都幻想解脱又无法解脱的东西。那个士兵本以为通过快马加鞭可以逃离死神，但事实证明他越是想逃离死神，死神却把他抓得越紧，而且这一情形是在不知不觉中出现的，是在无任何其他选择的情况下发生的，这就是命运的可怕之处。《密码》在讲述撒马尔罕故事时，最后还多出这样一句话：“命运拥有这样一种形式，它是圆球形的：你越是远离那一点，就越是向它靠近。”(《密码·命运》)可见，人只能听从命运的安排，别无他途。

在本书中，还有几个密码看似与命运相左，其实与命运相通，波德里亚不经意间所设定的密码，从不同的侧面反衬出命运的特质。

比如随机。什么是随机？为什么随机会成为一个至关重要的密码？波德里亚这样说：“随机……它关注事物的不可预测的影响，或至少是因果关系的某种传播以至参照点消失的不可预测影响。我们处在一个随机的世界，一个不再有主体和客体在知识语域中和谐分布的世界。至于随机现象，它们不只是在事物中，在物质实体中：我们还凭借思想本身成为分子式微观世界的一部分，正是这一点创造了一个彻底的、非确定的世界。”（《密码·随机》）随机就是随机，它没有任何确定和非确定的问题，更没有可能与不可能的问题，但是对人来说，随机永远会带来不可预测性。它使一切发生过程事件化，更多地凸显了随意性、偶然性、语境性，与命运的命中注定似相违背，但实际上，随机与命运一样具有不可控性，甚至具有不可知性，因为界限丧失了，参照丧失了，非确定引发了存在危机，一切都处于无从认知的状态。而一旦人处于随机中，所感受到的被强制的无力、无奈与在命运中如出一辙，或可以说，我们深陷于随机的命运。

与此相关的密码还有混沌。波德里亚谈混沌是在谈客体的混沌，也是从科学维度上谈混沌。今天的客体已经超出我们的控制，成为一种自在的存在。在人的眼里，混沌欠清晰，少秩序，无法进入人的正常理性思维。作为科学研究对象，混沌的客体反倒有自身的规律、自身的逻辑。波德里亚由此感慨道：“我发现这是一种极大的讽刺：游戏规则正在改变，但不再由我们来设定。这是一个文化的命运：我们自身的文化。”（《密码·混沌》）游戏规则的改变，使得我们的认知出现了问题，使得我们的控制出现了危机，也由此导致我们自身存在的窘境。混沌的合理性反衬出我们自身存在的荒谬性，从另一角度说，这也是命运捉弄人的一种表征。

再有，密码终点也或多或少与命运相关。波德里亚说：“我的假设是，我们已经跨过不可逆之点；我们已经处于指数的、无约束的形式里，这里的一切在空无中无限度地发展，已经无法再从人类的维度上去理解；在其中，我们正在失去对过往的记忆、对将来的投射以及把未来纳入现在行为的可能性。可以说，我们处于一种抽象的、脱离身体的状态，在此，事物只能通过惰性来维系，变成自身的拟像，我们无法再为它们设定终点……历史所提出的不再是它能否达到终点的问题，如福山（Fukuyama）所说，而是它将不会再有终点的问题，因此不会再有任何最终目的或任何目的。”（《密码·终点》）波德里亚眼里的终点，其实不是终点，而是终点的消失，以及终点消失后我们自身的处境问题。终点消失的一个直接结果就是命运之神开始敲门，一切都只能等待命运的裁决，这种不确定感以及由此导致的幻灭感，都意味着我们要正视命运的存在，以及我们把自身交付命运的可能。

这里应该追问的是，为什么波德里亚要谈论命运？命运对我们来说具有怎样的意义？我以为，命运的到来与客体的复仇有关。波德里亚之所以如此紧迫地意识到命运已经兵临城下，随时准备与我们交手，甚至彻底改造我们作为主体的处境，那是因为客体已经在敲响主体的丧钟了。波德里亚指出："直到20世纪初，科学才认识到，所有显微观察手段都引发了这样一种客体的改变，即有关它的知识陷于危机之中。这确是一场革命，因为客体的现实和科学的常规假设由此遭到摒弃……"这是科学深入发展引发的结果，而与此相关的人文科学也随之生变。"我们非常确切地感知到这一用于被分析对象的获胜的诡计。在此，我们已经能够标注一个不归之点，不仅每一个分析主体的立场都遭到相关性和非确定性的折磨，而且其霸权也被彻底颠覆。今天，被分析对象取得了全面的胜利，借助客体的立场，压倒了分析的主体。它逃离了无处不在的分析者，把他推回到主体的非决定性立场……分析被迫退却，对象变得可逆，如同表象一样；意义被迫退却，发生变形。分析主体已经变得处处模糊，客体的复仇刚好开始。”[1] 一旦主体的确定性被动摇，甚至权力被剥夺，一旦客体诡计赢得至高无上的地位，诱惑之门大开，主体随即陷入不可知的境地，命运对于主体来说无疑是一种上帝的安排，无处逃避，任由摆布。从这一意义上，我们意识到波德里亚作为先知的价值，他的有关命运登堂入室的预言深入地探测到主体衰落之后的世界景象。

六、修辞的意义岂止在修辞

甘恩曾在一篇文章的开头提出过这样的问题：“波德里亚的风趣——诙谐感，到底有多顽

[1] 让·波德里亚：《致命的策略》，第114—116页。

皮呢？”[1] 在甘恩看来，波德里亚那一系列几乎是从 20 世纪 80 年代就开始写作的作品，比如《论诱惑》(1979)、《致命的策略》(1983)、《美国》(1986)、《交流的狂喜》(1987)，无不染上了浓重的诙谐色彩，也可以说，这是波德里亚尝试用激进的人类学或哲学来装扮自己的一个结果。由此，甘恩自问自答式地分析说：“波德里亚一直在探索象征秩序的基本法则，把人类学运用到发达社会，意义重大且闻名遐迩。依照他的分析，这些社会不仅仅是单调、呆滞、灰色，乃至枯燥无味的(真实的荒漠、同一性地狱、克隆)，而且是处于一个过速进化阶段——社会不再处于贫困和匮乏之中，而是处于饱和的灾难（所有的高速路）和超真实乐园之中；这一狂喜还生产出了极度膨胀、淫秽和恐怖。”[2] 甘恩这里所谓的激进人类学（乃至哲学）精神，在转换成波德里亚后期书写的一种语言修辞后，发展成为一种书写风格。也就是

[1] Mike Gane, ‘Baudrillard’s Sense of Humour’, in David B. Clarke, Marcus A. Doel, William Merrin and Richard G. Smith(eds.), *Jean Baudrillard: Fatal Theories*, London: Routledge, 2009, p. 165.

[2] Mike Gane, ‘Baudrillard’s Sense of Humour’, p.165.

说，甘恩所谓的波德里亚的诙谐离不开一种独特的语言修辞。在很多问题的关键处，波德里亚都会以这种特有的修辞进行言说，修辞成为他思想中不可或缺的一部分。而在波德里亚高妙的修辞背后，我们时常可以玩味出其字里行间诙谐、嘲讽的意蕴。

波德里亚曾这样描述自己的职业生涯以及各阶段的特点："二十岁为荒诞玄学家——三十岁时为情境主义者——四十岁时为空想家——五十岁时为横跨一切家——六十岁时为病毒家和转喻家——这就是我的整个历史。"[1] 这样的描述当然没有问题，也是波德里亚对其学术生涯不同时期特点非常形象化的总结。不过，倘若把他充当所谓"荒诞玄学家"的时段有意拉长，使其成为观照波德里亚理论尤其是后期理论的一个重要参照点，我想也不会有失之毫厘、谬以千里之嫌。波德里亚书写的修辞风格就是来自于这样的荒诞玄学。

说荒诞玄学（与甘恩所说的激进人类学乃至哲学密切相关）构成了后期波德里亚各类文本书

[1] 让·波德里亚:《冷记忆 2》，张新木、王晶译，南京大学出版社，2009 年版，第 113 页。

写的修辞风格的底蕴，可能更为贴切。我们先来看这样一则材料。西尔维尔·洛特林格编辑的波德里亚文集《艺术的阴谋》(2005) 中收录了波德里亚早年写的一篇有关荒诞玄学的评论，题目就叫《荒诞玄学》(1952)。在后来的访谈录《忘记阿尔托》(1996) 里，波德里亚本人对这篇文章的写作背景和写作意图有过这样的说明："雅里 (Alfred Jarry) 可谓是个昙花一现的现象。在这之后，人们也许只能在某篇文章的历史中看到他，因为我写的关于他的那篇文章已经表明正式与荒诞玄学决裂。我一开始便介入了荒诞玄学院。我当时的哲学老师建立了这个学院，而且在 40 年代末在兰斯创办了《学院手册》。我当时还很年轻，但是没过多久我便明白，荒诞玄学圈子采纳了和《愚比王》一样随大流的思想，同样的机构痴迷。愚比王的'梨子肚'已经成为知识分子的圈了，继续参与这些人的活动对我来说已经没有意义，于是我就与他们断绝了往来。"[1] 这一说明起码给人以波德里亚当时就已经与荒诞玄学彻底告

[1] 让·波德里亚:《艺术的共谋》，第 228—229 页。

别的印象，这也与他后来的“二十岁是荒诞玄学家”的说法相吻合。但是，与一个团体或组织撇清关系，并不必然意味着与其思想或思维方式撇清关系。甘恩恰恰有一个相反的结论：“很清楚，从波德里亚的生平信息看，他与荒诞玄学始终形影不离。”[1] 而加里·格诺斯科（Gary Genosko）也说：“荒诞玄学是波德里亚的隐喻的源泉。”[2]

因此，从荒诞玄学来认识波德里亚书写的语言修辞，认识波德里亚的书写风格，不失为一个重要的路径。

荒诞玄学一词来自希腊语，有“在形而上学之上”之意，本身也是亚里士多德所使用的形而上学一词的不易察觉的变体，某种意义上，荒诞玄学是对形而上学的戏弄和超越。法国象征主义作家雅里在其小说《荒诞玄学家浮士诺尔博士的功绩与观点》里首次使用了“pataphysique”一词。

---

[1] Mike Gane, “Baudrillard's Sense of Humour”, in David B. Clarke, Marcus A. Doel, William Merrin and Richard G. Smith, *Jean Baudrillard: Fatal Theories*, p. 166.

[2] Gary Genosko, “The Drama of Theory: Vengeful Objects and Wily Props”, in Douglas Kellner(ed.), *Baudrillard: a Critical Reader*, Cambridge, Massachusetts: Basil Blackwell Ltd, 1994, p. 293.

荒诞玄学的最大特点在于，强调主观创造、想象高于一切，从而彻底颠覆传统的历史成规和书写。荒诞玄学的代表性作品就是雅里的戏剧《愚比王》，该剧以内容怪诞、形式诡异、手法夸张为特色，摒弃了传统戏剧的观念和模式，深刻影响到后来的先锋派和荒诞派戏剧。波德里亚当年在评说雅里的《愚比王》时就曾给出过有关荒诞玄学的一些特质，比如“荒诞玄学是最强烈的心理诱惑”，“它的原则就是夸张，就是要摧毁现实”，“荒诞玄学是一种气态的哲学。它只能把自身定义为一种全新的、尚未被发现的语言，因为它太过明显的喋喋不休的同义反复。更有甚者，它只能自说自话，如同不存在一般。它唯我独尊地反刍着另类腹泻、不苟言笑、过速膨胀、糟糕的梦境”等[1]。至于波德里亚的书写与荒诞玄学的关联，甚至可用普遍、有机来形容，因为我们在波德里亚后期文本的字里行间随处可见与荒诞玄学有关的痕迹。在我看来，波德里亚的后期文本更凸显了荒诞玄学的深刻影响，一种建立在荒诞玄学基础

[1] Jean Baudrillard, *The Conspiracy of Art*, ed. Sylvere Lotringer and trans. Ames Hodges, New York: Semiotext(e), 2005, pp. 213-214.

上的波德里亚式修辞风格成为波德里亚自身的招牌和标志。

具体到本书的密码，我们可以从比如“完美的罪行”、“淫秽”等概念入手来探测一下波德里亚语言修辞的意图和效果。

何谓“完美的罪行”？为何“完美”会成为“罪行”？波德里亚提出：“这就是罪行：我们在总体完成的意义上达到完美，总体化就是终结。不再有其他目的地，甚至不再有‘他处’。完美的罪行摧毁他性，摧毁他者。它受制于同一。世界同化于自身，与自身同一，排除任何他者的原则。”(《密码·完美的罪行》) 波德里亚用“完美”修饰“罪行”，无论如何都不是一种正常的或符合成规的语言表达方式；反过来说，“罪行”达到“完美”的程度，那会是怎样一种“罪行”？用肯定（否定）性语汇修辞否定（肯定）性语汇，这被波德里亚称之为矛盾修辞法，这样的逆向修辞不仅仅是一种语言表达的手段，也不仅仅是情感表达的强化方式，波德里亚的逆向修辞在他的思想实践中构成了语言事件。波德里亚强调的是，“完美”实际上是一种“罪行”，这是因为任何的完美都是一种总体上的完满，不会再有差异和他者，这正是波德里亚批判形而上学思维的一种反讽方式。

还有同为语言事件的“淫秽”。波德里亚这样谈论淫秽：“当事物变得过于真实，当它们被瞬时给予和实现，当我们身处短路状态、也即意味着事物过于接近时，我们也就难逃淫秽。由此，雷吉斯·德布雷（Régis Debray）对景观社会有一个有趣的批判：在他看来，我们不再处于一个使我们远离物的社会，由此可以宣称与物的分离导致了我们的异化……我们的问题在于与事物距离太近，无论是事物还是我们自身，一切都在瞬间得以实现。这一过分—真实的世界就是淫秽。”（《密码·淫秽》）淫秽，一个精神分析或女性主义的术语，但在这里，波德里亚引用德布雷的景观社会理论，指出德布雷之所以批判景观社会恰恰是淫秽在作怪。由于我们与事物间的距离丧失，导致真实的变形乃至消逝，淫秽成为一种对真实的消解。在这一意义上，我们难逃淫秽的困扰。这就是波德里亚匠心独运地为淫秽设定的全新修辞语境。

同样的语言事件在波德里亚的后期文本中随

处可见。当然，我们在专注于这样的修辞之时，有必要进一步考察波德里亚在此类语言事件之上构建的具有荒诞玄学意味的书写风格。从《致命的策略》(1983) 中论及的“肥胖”问题中可略知一二。据波德里亚观察，在美国肥胖者随处可见，而肥胖者的大量存在又是与美国空旷的空间相一致的。由此，波德里亚进一步论述，这种肥胖是一种过速进化的结果，这一过速进化恰恰与美国的超真实社会高度匹配。过速进化其实是一种反叛行为，是对常规的反叛，如同超真实对真实的反叛。波德里亚分析说：过速进化表明“似乎身体、细胞都在反叛它们的基本律令，反叛 DNA (正如它们恰好被命名的那样) 的指令”[1]，从这一意义上说，“肥胖者也是处于总体的错乱中。因为他不仅体积大，与正常形态学的尺码相对：他比大更大。他不是在某种区分的对立中而是在某种过度、多余、超真实中制造意义……肥胖者超越了自身的病理学。这就是为什么他既逃避营养学，又逃避心理疗法，而是回到另一种逻辑，即指数

[1] 让 · 波德里亚：《致命的策略》，第 42 页。

策略。在此，被剥夺了目的和参照物的指数策略，在布满镜子的大厅里彼此备份”[1]。显然，波德里亚这里所谓的“肥胖”绝不仅仅是指现实生活中的肥胖现象和肥胖者，而是借肥胖喻指美国，肥胖其实已经成为美国社会畸形发展的特征，或者说是整个美国文化的类似癌症的自反性特征。这种高度修辞化的、以隐喻作为标志的书写，在深入揭示美国社会和文化的荒诞之时，也使波德里亚自身的书写风格获得了荒诞玄学的灵韵。

结语

本书的最后一个密码是“思想”，这样安排的用意显而易见，目的是在一系列的密码解码之后，可以见出波德里亚对自己的思想过程和思维方式的导引式总结。我的心得有两条：一是如波德里亚所说的“世界、表象、客体正在迸发”(《密码 · 思想》)，我们应该意识到，客体的复仇

[1] 让 · 波德里亚：《致命的策略》，第 43 页。

已经开始，我们应该准备好随时接受客体的挑战。另一是我们的思想本身也在不经意间发生着根本性变化。面对一个非确定性的世界，“我们必须重获一种事件—思想，设法使非确定性成为原则”。(《密码·思想》) 当然，波德里亚思想的复杂性和解读的艰巨性是有目共睹的。我在这里只能抛砖引玉，更为精彩的发现和诠释还有待读者去完成。

译者　于北京海淀学清路

2017 年 10 月

目录

前言

对于从未寻求过前景的作品，现在却要回溯性地做出概观，这是一个悖论。这有点像俄耳甫斯过快转身去看欧律狄克，致使欧律狄克被重新打入地府。这样的演绎意味着作品仿佛先于自身存在，刚开始就感知到了结尾，仿佛作品是封闭的，仿佛它以连贯的方式发展，仿佛过去未来一直如此。除了拟真没有更适切的方式来谈论它，颇像博尔赫斯（Borges）依据图书馆的遗存去重构一个逝去的文明那样。不得不承认，我难以让自己回答它在社会学意义上的确真性问题——这的确是一个我几乎无法找到答案的问题。你当然可以设身处地把自己想象成这样一位旅者，与本作相遇，仿佛它是一份失落的手稿，而由于缺乏辅证文件，接下来他要做的就是努力重构其所描述的社会。

引言

在我看来，密码的破译，这一说法似乎恰当地描述了一种准首创的、进入事物内部的方式，而不必开列一份清单。词语[1]是观念的负载者和生成者，甚于颠倒过来。作为咒符和魔法的编织者，词语不仅传递观念和事物，而且还通过螺旋式进化使彼此隐喻、相互代谢，正是在这一意义上，词语成为观念的“传递者”和载体。

词语至关重要。它们有自己的生命时限，并且终将退场，这一点任何人都了然于胸，只要他不宣称拥有一劳永逸的思维形式，也没有启迪人心的野心，比如我这样。在词语的时间性里，

---

[1] 密码的英语是 passwords，words 意为词语，pass 有通过、传递等意。——本书脚注未经注明皆为中文译者注。

有一种近乎诗意的死亡和再生的游戏：连续的隐喻化意味着观念变得超出自身，异于自身。正是这样一种作为“思维形式”的语言在思考，思考我们，为我们思考，不亚于我们借助它来思考，其间还有交换发生：一种词语和观念之间的象征交换。

我们总以为自己是在借助观念不断前行，这无疑只是理论家和哲学家的幻觉而已。其实，是词语在生产或再生产观念，词语是一种活跃的“转换装置”。观念在词语的层面相互作用、相互纠葛。词语的角色是操作者——非-技术的操作者，在一种语言本身亦参与其中的催化反应中。这就使语言成为游戏的关键，至少不亚于观念。

因为词语经过[1]；因为词语消逝、变形，成为沿着不可预见、无从探测的隧道前行的“传递者”或观念的载体，在我眼中，“密码”一说既借助词语的结晶化，同时借助将词语置入开放、全景的视角，似乎使我们能够重新认识事物。

[1] “词语经过”（words pass）就是“密码”（passwords）的颠倒。

客体

我眼里的客体将会是完美的“密码”。我从一开始就选定这一角度，因为我想与成问题的主体决裂。有关客体的问题将取而代之，它始终处于我思考的范围内。此外还有一些与我们生活的年代息息相关的原因：20 世纪 60 年代，从生产优先过渡到消费优先，这一切把客体带入前景。然而，真正令我感兴趣的，不是客体本身的制造，而是客体之间如何进行交流——它们发展出一整套符号系统和语法系统。它们所指代的世界，和显然无所不在的消费与利润诱使我们相信的世界比起来，似乎更不真实，这一点尤其耐人寻味。我注意到，在符号世界里，客体很快会脱离使用价值，进入符号之间的游戏和交互。

在这一符号形式主义的背后，无疑有着对于萨特（Sartre）《恶心》（*Nausea*）的记忆，那个著名的树根。它是令人着迷的对象，一种有毒的物质……在我看来，客体几乎在激情燃烧，或至少它想拥有自己的生命；它可以抛弃使用的被动性而谋求自主性，或许甚至谋求一种对过度控制它的主体进行复仇的能力。客体一直被视为一个惰性而沉默的世界，按照我们的意志去行事，基于我们创造了它这一事实。但是对我来说，那个世界想要倾吐其使用性以外的东西。作为符号王国的一部分，这里的一切都不简单，因为符号总是抹消事物。所以，客体设定了真实的世界，还设定了真实世界的缺席，尤其是主体的缺席。

探究客体的动植物群性，是我的兴趣所在。在这一探究中，我利用了当时流行的所有相关学科：精神分析、马克思的生产分析，尤其是追随巴特（Barthes）脚步的语言学分析。然而，探究客体的好处在于，它要求你越过这些学科，促使你进行跨学科的研究。事实上，客体研究不可能还原为特定的学科。它对后者的基本假设提出质疑，故而更显神秘，包括符号学涉及的那些公设，只要符号—客体——在其中，多种价值相互作用——比语言符号更为暧昧。

无论这些不同方法真正的用意何在，过去和现在一直令我兴奋不已的是客体逃离、使自身缺席的方式，以及它所保留的一切神秘（Unheimlich）、“离奇”。以客体为中介的交换尚未完成。不可否认，客体具有调解功能，但与此同时，客体的即时性和内在性又瓦解了这一功能。正是在这一两难中，客体既满足又失落。所以，客体的根源或许就在于巴塔耶（Bataille）所提及的“被诅咒的部分”，无从解决或救赎之物。不存在对客体的救赎。某处存有主体无法占用的“多余物”，主体相信他能够通过挥霍、通过积累来加以清除，最终却在关联的道路上不断设置障碍。在第一阶段，人们借助客体进行交流；然而，不断的增殖阻碍了这一交流。客体扮演了戏剧性角色。它是一个羽翼丰满的表演者，在于它挫败一切单纯的功能。这正是客体吸引我的地方。

价值

很显然，价值与物密切相关，而我的关注点更多地限定在使用价值和交换价值上，它们是生产和市场的基础。从一开始，使用价值和交换价值以及两者之间建立起来的辩证关系在我看来呈现为一种合理建构，它假定价值平衡的可能性，能够找到既能穷尽意义又能诉诸交换的一般等价物。人类学正是在这一点上介入讨论，来削弱这些观念，瓦解市场的意识形态，也就是说，不仅瓦解了作为现实的市场，而且瓦解了作为意识形态的市场。人类学使我们接近特定的社会和文化。在此，我们所理解的价值观念实际上是非－存在的；这里的物绝不可能直接进行交换，而总是通过超越性存在的中介机制进行交换，通过抽象进行交换。

与商品价值并存的是道德的或审美的价值，它们根据自身固有的善恶、美丑的对立发挥作用……在我看来，似乎物的交换具有不同的可能性，其他文化也确实提供过这样一种流通形式的图景，在其中超越价值以及与之相关的超越权力未曾确立，因为只有在价值操控之上超越性才可能被构建。这是一个试图把物——当然也不仅仅是物——从商品状态中剥离出来，恢复其直接性和无从估价的粗粝现实的问题。无论是“一文不值”还是“无价之宝”，在任何一种情况下，我们都无法做出价值评判，在这个术语最极端的意义上。由此，可执行的交换的运作基础不再是合同的规约——一般的价值体系——而是条约的法则。合同与条约之间有深刻的差异，合同是两个条款或个体之间的抽象惯例，而条约则是一种双重的、共谋的关系。我们可以在某种诗歌语言模态中看到这一图景。在其中，词语的交换以及它们所提供的快乐的稠密度超出了单一的阐释场域，也先于或外在于其基于“意义价值”的动作。物与个体如出一辙。从这一点上看，价值系统以及它所建立的优先场域或有短路的可能性。人们将在意义的基础上把握语言，把握交流（即使在这个熟习话语的过程中，言语行为及其模态会发挥作用）；人们将在市场价值的基础上掌控市场；道德优势将在善恶价值的区分之上被构建……所有的权力都依此而存在。或许，宣称要超越价值是一种乌托邦，但它会是一种可操作的乌托邦，是一种去设想更为激进的物的功能的企图。

事实是，价值研究非常复杂：商品价值可以被理解，而符号价值则是逃逸的、浮动的——某一点上，它显露出来，成为一种“展示”。当一切最终让位给人造品时，我们还生活在价值世界里吗？抑或生活在价值的拟真中？

或许，我们总是处于双重道德中……可以说，一个是道德场域，即商品交换的场域；另一个是非道德场域，即游玩或嬉戏的场域。这里最紧要的是游戏事件本身，以及分享规则的出现。分享规则完全不同于常见的一般等价物：游戏之人，必须全身心投入。比起商品交换，它所创造出的是一种参与者之间的更加戏剧化的关系。在这样的关系中，个体不是彼此可以替换的抽象存在：面对胜负、生死这样的风险，每个人都会发挥自己独特的作用。甚至在最平庸的形式里，游戏所施加的核心准入模式也不同于交换所施加的模式。交换一词的确太过含混，我更倾向于不可能的交换。

象征交换

象征交换是策略性场所，所有的价值模式在此聚向一个我称之为盲区的所在，一切都将在此接受质疑。此处的象征不具有一般的“想象”意义，也不具有拉康给定的意义。这是人类学所理解的象征交换。价值通常是单向性的，它根据等价系统从一个点移动到另一个点，而象征交换中的价值具有可逆性。我之所以使用这一概念，就是想要获取与商品交换相反的立场，并以这种方式，假借某种或许可以称为乌托邦的东西对我们的社会进行政治学批判，当然，这一概念在许多其他文化中一直都是有效的。

可逆性是生与死的可逆性，是善与恶的可逆性，也是我们根据替代价值构建的所有事物的可逆性。象征世界里的生与死是互换的。只有可逆性，不存在割裂的术语，价值观念因此受到质疑，它要求明显对立的术语，能够在它们之间建立起辩证关系。而象征无辩证法可言。死与生在我们的价值系统中不可逆：肯定生，就要否定死；死是生的终结，是它的对立面。而在象征世界里，严格地说，这两个术语是可以相互交换的。

这一点可应用于所有的领域，当然也包括物品交换的领域：在夸富宴中，某类物品的流通不再顾及价值观念，只是一种挥霍和浪费的物品的循环形式，而且这一循环不能停下来。交换绝不可中断，还要更加频繁，尽可能至死方休。赌博也可以说从属于这一交换形式的层级，只要钱在该领域中不再有任何固定的价值，因为它总是被按照象征规则——显然不是一种道德法——投回到循环之中。在这一象征规则中，所赢得的钱绝不能再次成为商品价值，它必须被投回赌博本身。

我们还可以把象征交换拓展到一个更加广阔的层面上：形式的层面。依据变形原则，动物的形式、人的形式、神的形式都是互换的，每一种形式不再被限定于它的定义，比如人与非人的对立，等等。象征循环中物不具有可割裂的个性，一切都在不可割裂形式的无处不在的共谋中运作。这与身体如出一辙，身体也不具有任何的“个体”特质：作为某种代祭品，身体并不与其他要素，比如灵魂或任何其他精神价值相对立。在这类文化中，身体被不断带入仪式游戏，它不是生命的象征，不涉及健康、存活或完整性的问题。尽管我们具有一种个体化的身体视角，这一视角与占有和控制的观念相关，但是在那里它受制于不间断的可逆性，是一种能够贯穿其他形式——动物、矿物或植物——的物质。

确实，难道不是所有一切总是在象征交换的层面上决定——也就是说，在这个超出了我们今天所实践的物品或身体的合理交易的层面上决定的吗？事实上，尽管看起来矛盾，我宁愿相信，不存在一种经济能符合我们所理解的合理科学的定义，象征交换一直都是物的根本性基础，物由此一层面决定。

我们可以选择把象征交换作为我们所失落之物，从人类学角度进入，关注原始社会夸富宴，并采取一种观点，即当下我们完全处于市场社会，处于价值操控的社会……但果真如此吗？或许，我们还生活在一种巨大的夸富宴中。在我们划定的区域中，各种各样经济的、解剖的和性的合理性似乎齐心协力，但是，基础的、激进的形式，始终是挑战，是更胜一筹，是夸富宴的形式，也因此是否定，是牺牲价值的形式。我们或许可以说，我们仍然生活在一种牺牲模式里，只是不愿意承认而已。不仅不愿意承认，也没有能力承认因为缺少仪式，缺少神话，我们再也不具备这样做的手段了。

无须对象征交换进行怀旧：我们建起另一种机制，由此创造出一种不可逆的、线性的系统，而那里曾经是一种循环形式，一种往复、回路、可逆。我们生，然后我们死，这成为真正的完结。

诱惑

在我看来，诱惑领域从根本上抵制生产领域。它不再是一个推出物品、制造物品、为价值世界生产物品的问题，而是一个对物发出诱惑的问题——也就是说，是一个从价值、身份和现实中把物剥离出来，注定其成为表象游戏、成为象征交换的问题。象征交换起初在经济上有自己的目标：物品的象征交换——像在夸富宴中那样，然后是死亡的象征交换，再后来是性的象征交换。性（sexuality）的到来有点收窄了这一场域。我所理解的诱惑涉及一切，不仅仅是指性别之间的交换。应当承认，每一种性别都在通过差异，通过一种既对抗又共谋的形式来面对另一方，使性作为功能和极乐发挥积极作用，寻求和确认自己的身份。不过对我来说，诱惑首先是一种可逆的形式。在这里，生理上的两性扮演他/她们的身份，使自身处于游戏状态。令我感兴趣的是，女性的生成—阳性和男性的生成—阴性，它们针对的是这样一种偏见，即只有男性本身才算是一种性别身份。我把女性理解为对阳/阴对立的否定，也即对两性间价值对立的否定。女性超越了这些观念，不妨说，消解了性别身份。我不得不说，这一切导致了与女性主义者的某种摩擦。尤其是由此出发，性的解放不再至关重要，在我看来，它最终似乎只是一个过于天真的规划，因为它是建立在价值、性别身份之上的……

诱惑是一种更加致命的游戏，也是一种更加危险的游戏。它并不排斥快乐，但不同于极乐。诱惑是一种挑战、一种形式，它总是试图使那些为自己谋取身份和意义的人们不得安宁。诱惑中人们具有发现激进他者的可能性。对我来说，诱惑似乎涉及那些瓦解了积累系统，瓦解了生产系统的形式。性的解放——那一时期的伟大事业，如同工人的解放一样——还是在生产框架内被构想。它只是一种解放的能量——物质能量的原初模式，这是一种与伟大的诱惑游戏完全对立的模式，诱惑本质上并不是积累式的。

诱惑与其说是一种欲望的游戏，不如说是与欲望一起游戏。诱惑不否认欲望，也不与欲望对立，而是将欲望植入游戏。

表象，远不止物理表象，属于诱惑的场域。正是这一场域使存在进入游戏成为一种伦理，这是一种具有灵活、可逆形式的场域，在此无论哪种性别都无法确保它的基础地位，更无法确保它的优势。在我曾经打出死亡这张牌——在象征交换中——的地方，我现在打出女性气质这张牌。这是一种密码[1]，一种已逝现实，如果照我那样理解的话，是一种生死可逆性的指数。因此，femina[2]成为男性气质和女性气质的可逆性指数。

然而，我应该澄清一件事："诱惑"一词已经无处不在，由此形成了一条意义链，像"权力诱惑大众"、"媒体的诱惑"或"伟大的诱惑者"……我并不在这一层面上意指这个术语，毕竟还是太

---

[1] 直译是"逝去的词语"，才有后面"已逝现实"一说。

[2] 拉丁语，女性的，女性气质。

过模糊了。在我看来，历史上女人在诱惑场所中拥有优势地位，这一点千真万确。但是，一些人接受了这样的观点，即把女人和诱惑联系起来，是要把她们托付给表象王国，也由此托付给轻浮。这是一个总体上的误解：我所意指的诱惑其实是象征性的形式掌控，而另一种诱惑只是借助诡计谋求物质化的权力控制。

原罪是诱惑。我们肯定这一世界，赋予它唯我独尊的意义，这种努力如同规模宏大的生产那样，毫无疑问，其目的在于最终清除这一危险、邪恶的诱惑之域。

因为这些形式——诱惑、挑战、可逆性——的世界是更强有力的。另一个世界即生产的世界拥有力量，但是其效力在诱惑那里。根据因果关系，根据连续性，我并不认为这是首要的，只是从更长远的角度看，比起所有的生产系统——财富、意义或极乐——它更具效力……生产的所有形式或许都要屈从于它。

淫秽

当然，“场景”（Scene）和“淫秽”（Obscene）词源截然不同，但我们总是忍不住把两者联系起来。一旦有了场景或舞台，就会有凝视和距离，就会有表演和他者。奇观依附于场景。当我们身处淫秽时，则不再有任何的场景和舞台，不再有任何的表演，凝视的距离也被销蚀。以色情场域为例。显然，色情中身体的实现是彻头彻尾的。因此，或许淫秽可以用生成—真实、生成—绝对—真实加以定义，此时淫秽还被视为隐喻或具有隐喻的维度。性——还有诱惑——一直具有隐喻的维度。而残酷的是，淫秽中的身体、性器官、性行为不再是“场面调度”，而是直接供人观看，换句话说，供人大快朵颐。它们被不断地吸纳和反刍。这是一种全面“搬演”[1]，做出理应受制于参与者之间的戏剧性、场景以及游戏的行动。这里不再有游戏、辩证法或区隔，有的只是要素的总体共谋。

身体的真实就是事件和“信息”被媒体报道的真实。当事物变得过于真实，当它们被瞬时给予和实现，当我们身处短路状态、也即意味着事物过于接近时，我们也就难逃淫秽。由此，雷吉斯·德布雷对景观社会有一个有趣的批判：在他看来，我们不再处于一个使我们远离物的社会，由此可以宣称与物的分离导致了我们的异化……我们的问题在于与事物距离太近，无论是事物还是我们自身，一切都在瞬间得以实现。这一过分—真实的世界就是淫秽。

在这样的世界里，我们所拥有的不再是交流，而是像病毒那样的传染，所有的一切都会以迅雷不及掩耳的方式由一人传给另一人。“乱交”一词描述了同样的情形：事物直陈于此，无距离，少

[1] act out，拉康学派的精神分析概念，强调与主体一般动机模式相对不合谐的冲动。

魅力，难见真正的快乐。

淫秽和诱惑构成两个极端，在诱惑辖属的艺术中表现出来。一方面有能够在真实之外发明场景和规则的艺术；另一方面有现实主义的艺术，通过成为对解构化或日破碎化世界的描述性的、客观的或纯粹的投映而陷入某种淫秽。

提高淫秽的赌注：展示裸体，裸体呈现出一派病态，弱不禁风、瘦骨嶙峋，无以复加，这已是粗俗不堪的淫秽。今天整个媒体批判显然聚焦在对过度淫秽的容忍限度上。如果一切都要被言说，那就顺其自然……不过，客观真相就是淫秽。事实上，当我们被告知比尔·克林顿（Bill Clinton）性行为的所有细节时，淫秽变得如此可笑，以至我们忍不住揣想其中是否有讽刺的维度。这一讽刺的翻转或许可能是在这步入毁灭、全面淫秽的世界中最后的诱惑化身：即使如此，内心深处，我们无法相信这点。淫秽——也即事物的彻底可见性——是不可承受的，我们不得不依靠讽刺的策略延续下去。否则，这一特殊的透明是彻底致命的。

我们发现自身处于善恶之间，处于无解的对抗中，面临成为摩尼教徒、背离整个人文主义的危险，无从妥协。我们不得不接受这些游戏规则。对我来说，尽管算不上安慰，但是比起认为总有一天我们将统合世界以及恢复假想中的善的王国，这种看法似乎更明智一些。恰恰是，当我们试图获取这样一种总体的善的时候，恶就随之而来。似乎矛盾得很，在这个星球上，最糟糕的歧见不正是借助人权而发生的吗？所以，追求善会有相反的效果，这些相反的效果通常处于恶的一边。说起恶，不是要谴责它：在某种意义上，恶是命中注定之物。命运有幸运，也有不幸。

恶的透明性

所有“透明”一上来就会使我们质疑它的对立面——秘密。这种两可性无关道德规范，也无关善恶秩序：是秘密还是众所周知的事，这只是另一种区分类型而已。某些事情从不会被置于大庭广众之下，作为交换的一部分；它们被秘密分享，其类型不同于涉及可见性的交换。当一切趋于可见，正如我们的世界之情形，曾经的秘密会发生怎样的改变？它们会变成神秘、隐私、有害之物：曾经只是秘密，或换句话说，曾经只是秘密的交换，如今会变成恶，变成必须被禁止、清除之物。然而，此类事物却难以清除：某种意义上，秘密坚不可摧。因此，秘密将被妖魔化，并且通过清除它的工具呈现出来。秘密的能量是恶的能量，这一能量来自物的非统一性——善被定义为总体世界里的物的统一性。

由此，建立在二元性上的一切，建立在物的分离性上的一切，建立在否定和死亡上的一切，都被认为是恶的。而我们的社会要确保一切向善，确保技术可以满足任何的需要。在这一意义上，所有技术都归于善的一边，换句话说，所有技术要在物的统一状态下满足普遍的欲望。

今天，我们正处于我称之为“莫比乌斯带”系统的世界中。假使我们处在一个面对面相互对抗的系统之内，那么策略就有可能清晰，建立在线性因果基础之上。策略无论善恶，都是计划中的一部分，而且马基雅维利主义不会自绝于合理性。只不过，我们完全身处于一个任意的世界，这是一个莫比乌斯带模式意义上的因果相互叠加的世界，无人知道影响的影响会在何处终结。

一个产生反向效力的例子可见于针对腐败的斗争，这种腐败泛滥于商业或政党筹款活动。很显然，这是必须谴责的。法官会对此做出裁决。我们告诉自己这代表一种清除，在这个术语的正面意义上。但是，这一清除必然具有次生效力。

克林顿之事遵循了同样的法则。通过全力谴责对正义的亵渎，通过纠正对庄重誓言的背叛，法官正在致力于构建“清新的”美国形象。而这一形象得益于不断提升的剥削世界其他地区的道德力量（哪怕是在民主的名义下）。

法官的这一行为可以解读为针对政治阶层的反制，然而这仅仅是一种表象。其实，某种意义上看，他们正是其合法性的再造者——尽管腐败问题还远未解决。

腐败必须不惜一切代价加以清除，可以如此肯定吗？当然，我们告诉自己，更为可取的做法或许是利用武器交易，甚至武器生产的惊人佣金，来减少世界的贫困，但这是一个轻率的结论。因为从商品流通中抽出资金不是问题，但它“可能”会被重新投入“用混凝土覆盖一切”的工程。鉴于此种情形，看似悖论的问题是，从非“善”即“恶”的观点来看，要么继续制造武器，大肆贩卖武器，其中一定数量的武器永远不会被使用，要么使一个国家消失在混凝土泥毯下面，哪一个更为可取？比起这一问题的答案，更重要的是认识到我们无法确定什么是总体上的善或总体上的恶，没有固定不变的出发点。

当然，对于理性健全的心智来说，这是一个令人极度不适的巨大的灾难性处境。事实上，我们必须谈论社会堕落的切要功能，正如尼采在论述表象的致命幻觉时那样。因为腐败的原则是非法的，不可能公开化，因此只能处于秘密状态。这显然是一种愤世嫉俗、道德上不被容许的观点，但它也是一种致命的策略，它不是任何人独享的特权，也不提供任何专属的好处。恶完全可以通过这样一种路径被重新引入。恶发挥影响，是因为它的能量来自恶本身。与腐败作战，必然导致对恶的重新激发。

我们在这里要提及曼德维尔（Mandeville）说过的话，他曾预言社会是在缺陷或至少是在失衡的基础上运作的。不是基于良好的品质，而是基于低劣的品质。如果我们接受这一犬儒主义的观点，那么我们就可以理解，在事物的理想秩序中，政治应该内含恶，内含无序。也因此，我们不应该否定恶，而是要利用恶，把玩恶，背叛恶。

这个标题——“恶的透明性”——一点都不贴切……更应该说显露，是恶的“毕显无遗”，无论我们做什么，都会“毕显无遗”，或显露一切努力避开恶之物。不仅如此，可以说透明性自身就是**恶**——所有秘密的消失。正因为如此，在“完美的罪行”里，完美本身就是罪行。

虚拟

在时下意义上，虚拟与真实相对，但是，虚拟凭借新技术的突然莅临，暗示我们如今真实已消逝或终结。我说过，正如我所看到的那样，要使真实世界存在，本质上就是生产那一世界，真实只是拟真的一种形式。必须承认，我们可能会引发现实—影响、真相—影响或客观—影响，但是本质上，真实并不存在。虚拟就是从象征过渡到真实这一双曲函数上的值，真实是其零度。在这一意义上，虚拟与超真实概念相吻合。虚拟的现实，可以说是同一化、数字化和“操控化”的完美的现实，因为它完美、可验证和非矛盾，所以取代了另一种真实。由于它更加“完整”，因此比我们已经建立的仿像之物更加真实。

事实是，“虚拟的现实”这一表达是一种积极的矛盾修辞法（逆喻）。我们不再拥有这一术语过去积极的意义，在此虚拟注定要变为真实，或这两种观念之间已构建起一种辩证关系。眼下，虚拟是取代真实之物，它是对真实的最终解决，只要它以确凿无疑的真实性使世界得以完整，同时又标示出这一世界的消解。

从这一点上说，是虚拟在思考我们：当下不需要思想的主体，也不需要行为的主体，一切都在技术的调控下发生。但是，是虚拟彻底把真实世界和游戏世界推向终结吗？还是说它是我们把玩的实验的一部分？我们难道不是给自己上演了一出虚拟喜剧，颇为讽刺地，就像我们在权力喜剧中那样？最后，这难道不是一种巨大的虚拟装置，一种艺术意义上的表演，一种操控者取代了演员的新式舞台吗？如果情形确实如此，那么，虚拟不比其他意识形态型构要求更多的信念。一种更为可靠的假设是：最终这一问题看起来并不那么严重，现实的毁灭绝非确凿无疑。

但是，如果我们的世界确实发明了自己的虚

拟分身，我们不得不将此看作是很久以前就已经开始的一种趋势的完成。正如我们所知，现实并非一直存在。我们谈论现实，仅始于对现实的表达具有合理性之时，工具参数使我们能够通过编码化的、可解码的函数来表征它。

在虚拟中，我们不再处理价值，我们转而处理转化—数据、转化—计算，这是一种现实—影响已经丧失的普遍化计算。可以说，虚拟成为确切无疑的现实—视界，正如我们谈论物理上的事件—视界一样。但是，还可以认为，所有这一切仅仅是一条通向尚难辨识的目的的迂回之路。

今天，存在一种对虚拟及其所有相关技术的积极迷恋。如果它确实是一种消失的模式，这将会是一种难解但有意为之的物种自身的选择：决定在另一个世界里克隆自身，锁定，贮存，封箱。准确地说，作为人类而消失是为了使自身在人造物种中持久地存在，后者带有更具效力、更具操控性的特质。这难道不是问题的关键所在吗？

这里我想起博尔赫斯（Borges）有关人被驱

逐、被推向镜子另一面的寓言故事[1]，如今他们仅是统治自己的皇帝的镜像。我们可以看到一个如此伟大的虚拟系统，而其余的一切都只不过是克隆的不同类型，只不过是否弃和放逐的不同形式。但是在这个寓言里，这些人开始看起来越来越不像他们的统治者，终有一天他们会穿过镜子归来。博尔赫斯说，这一次他们将不再被打垮。我们能否假设这样一种灾难——与此同时也是一种革命——关乎第三种力量？就个人而言，我更倾向于把它想象成一种虚拟的过度增生，以至于达到内爆。取而代之的会是什么？难下断言，因为在虚拟之外，我只看见弗洛伊德（Freud）所谓的“涅槃”，一种分子物质的交换，别的什么都不存在。所有可能的存留之物将是一个完美的波形系统，它们在一个纯粹的物理世界中与粒子系统汇合，毫无疑问，那里不会再有与人类、道德，或者关乎它们的形而上学。通过这种方式，我们将回到物质阶段，一种无意义的要素循环……

[1] J.L. 博尔赫斯，“镜中动物志”，收入《想象的动物》（*The Book of Imaginary Boings*，哈蒙兹沃思：企鹅，1974），第 67—68 页。——英译者注

撇开科幻不谈，归根结底我们要记住的是这一特有的讽刺，即事实上，把我们与非人性、与毁灭联系起来的这种种技术，或许最终将使我们从价值世界、从评判世界中解脱出来。所有沉重的道德的、哲学的文化——现代激进思想通过艰困的斗争尽其所能地对其进行了清算——都被技术借助虚拟在实践上和根基上加以放逐。

身处此一阶段，我们并不知道已经极端成熟的技术是否会把我们从技术本身中解放出来——乐观主义的观点——抑或事实上它正把我们引向灾难。即使灾难，这一术语的拟剧论意义上也指结局，可以同时有幸福的形式和非幸福的形式——取决于主人公。

随机

随机——我把不规则和突变也加上——是现代理论的一部分，它关注事物的不可预测的影响，或至少是因果关系的某种传播以至参照点消失的不可预测影响。我们处于一个随机的世界，一个不再有主体和客体在知识语域中和谐分布的世界。至于随机现象，它们不只是在事物中，在物质实体中：我们凭借思想本身成为分子式微观世界的一部分，正是这一点创造了一个彻底的、非确定的世界。假设我们要处理一件随机的事情，涉及随机的物理影响，却凭借一种本身是同质和单向的思考，那么在主体和客体之间仍然是一种固态的辩证关系，但是现在我们跌入了一个随机的思考状态，它不再允许我们做任何超出提供假说之事，不再允许我们做任何宣称发现真理之事。正如我们所知，这已经是亚原子科学中的常态。不过我相信，这也是我们对社会和政治领域进行持续思考和现状分析时的常态……我们现在所能做的就是，借助一种本身就是随机的思考，与随机妥协，这种思考完全不同于奠定了传统哲学基础的古典的话语式思考。这一新状态不乏危险。如果事物以混沌为主导方式展开，只有最低限度、无穷小的原因或原初条件，并且在世界范围内形成的惊人影响，那么可谓之“事件”的又是什么呢？从这个角度看，全球化现象自身的随机性和混沌达到了无人能控制或使其服从于某种策略的程度。

分形（fractal）也成为我们世界的中心。我不想讨论曼德博（Mandelbrot）的理论，对此我并不十分熟悉，但是，这种单一微缩单元、单一规则的不确定性再生产，让我们意识到自身的处境，我们就是无穷小的粒子，而聚集在每一个粒子上的所有信息如今只是在增殖，重复一个一模一样的公式。

大众现象，正如在社会学中发现的那样，是一种分形现象，一种虚拟现象，一种病毒现象。所有这些在一定历史阶段出现的维度，也可以在质量物理学中找到。会不会我们现在只有分形的个体，也就是说，未分化（依然被许以一种尽管仍有争议的完整性），但播散、增至无穷的个体？个体已是文化上的克隆物，他们不必非得在生物学、遗传学上被克隆，未来或许会。无论如何，他们现在已经在心理和文化上被克隆了：这一趋势已昭然若揭。

面对这些混沌和灾难的形式以及它们的指数过程，可以看见，我们有望统一的大宇宙（macrocosm）——需要用合理性掌控世界，在完全无法控制的小宇宙（microcosm）里已化为泡影，后者只具有微观物理的、随机的秩序。因此，其中的规则是分子式的、随机的。至于真实、意义和真理，它们只能是例外，也就是说，只能是一个谜。真理—影响和现实—影响当初如何在某处、在宇宙的某一微点上降生并常在，不管时间有多短，即便当下正濒临消亡？

混沌

从根本上说，混沌并不与合理性相对立。我们已经在某种程度上掌控了合理性，但甚至连科学亦臻于它的外在界限：某一点上，我们遭遇客体的阻遏，物理定律推翻了自身或不再起任何作用。然而，我们并未抛弃知识不断完善这一乌托邦目标，即使这一激进的幻觉并非内在于科学。我本人很乐意提出一个几近摩尼主义的假设：在最终阶段，我们可能要面对的不是主体对客体世界的居有，而是主体和客体之间的对决。就结果而言，所有的赌注还在继续下着……人们产生了这样一个强烈的印象，在所谓的被动客体一方，出现了一种反转、一种复仇，几乎就是报复，它不再躲藏，而是使自己可供分析，转瞬间变成一个“怪异的吸引物”，不妨说，一个对手。一种生本能与死本能层级上的致命对立，在形而上学的碰撞中展露出来。

今天，我们的科学承认了客体在虚拟显现器里的策略性消失：自此客体超出了我们的控制。

实际上，我发现这是一种极大的讽刺：游戏规则正在改变，但不再由我们来设定。这是一个文化的命运：我们自身的文化。其他的文化，其他的形而上学，毫无疑问并没有如此严重地被这一发展所损害，因为它们没有掌控世界的野心、期待或幻觉，也没有为了控制世界而去分析世界的野心、期待或幻觉。但是，正因为我们宣称控制了基设的整体性（totality of postulates），显然是我们的系统正在走向灾难。

终点

终点一词，涉及被提呈的时间的问题，时间的线性问题，还有我们关于它的——或许是约定俗成的——表征，即作为过去、现在和将来，具有起点和终点。起点—终点的二重性，如同原因和结果、主体和客体的二重性：所有这一切确保了事物的存在。但是，从现在起，我们进入了一种无限制的过程，终点无法设定。这就是我已说过的一种毁灭意义上的“终极解决方案”。

但是终点也是赋予某物以意义的最终目的（finality）或目标。当你处于不断展开的链条式反应时，一旦反应超出临界点而变为指数，它们将不再有任何的最终目的或目标。卡内蒂（Canetti）从历史出发为此做了脚注。他说，我们已经超越真假，超越善恶，没有任何回头路可走。按照这一观点，一旦超越了不可逆之点，事物便失去了终点。某物走向终点，意味着它确实发生过；相反，如果不存在终点的话，那么我们就会陷入无止境的历史，陷入了无止境的危机。我们开启了一系列无止境的过程。我们心知肚明，它们已在那里了：我们只需要去看物质生产无止境的、过剩的发展就够了。

在这一系统中，不会再有任何对一个期限(term)[1]的趋近。在我们跨越2000年之际，我想看看这一词语是否还拥有作为“到期”的意义，抑或我们仅仅处于倒计时中。倒计时不是终点，它是某物的衰竭，是过程的耗损，无法通达终点，而只能是无止无休。于是，我们面临一个矛盾的选择，要么我们永远无法达到终点，要么我们已经超越终点了。就个人而言，我告诉自己我们将无法“跨越”2000年，因为它在很久以前就发生过了，这里所涉及的仅是一种时间的空翻。所以，在无法确定终点的情况下，我们竭尽全力去确认起点。当下我们强迫式地探索起源就证明了这一

[1] coming to a term 亦有达成一致的意思。

点：在人类学和古生物学领域，我们看见时间的界限不断往前推，由此进入到同样是无止境的过去。

我的假设是：我们已经跨过不可逆之点；我们已经处于指数的、无约束的形式里，这里的一切在空无中无限度地发展，已经无法再从人类的维度上去理解；在其中，我们正在失去对过往的记忆、对将来的投射以及把未来纳入现在行为的可能性。可以说，我们处于一种抽象的、脱离身体的状态，在此，事物只能通过惰性来维系，变成自身的拟像，我们无法再为它们设定终点。它们现在只是一种人工合成物、一种假体。应该承认，这确保了它们的存在，确保了它们的某种不朽和永恒性，那是一种克隆的不朽和永恒性，一个克隆世界的不朽和永恒性。历史所提出的不再是它能否达到终点的问题，如福山所说，而是它将不会再有终点的问题，因此不会再有任何最终目的或任何目的。

我通过幻觉一词来处理终点问题。我们总是幻想某物将拥有一个终结点，它将由此获取某种意义，并且允许我们回溯性地恢复它的源头，有了这个起点和这个终点，原因和结果的游戏将变得可能……

终点的缺乏带给我们这样一种感觉，即我们收到的所有信息仅是被简化过的、老调重弹的东西，一切早已在那里，我们面对的是事件的戏剧化大杂烩，无法确认它们是否真正发生过，无法确认它们不是其他东西的替代物，这完全不同于不得不发生的事件、命定的事件，这样的事件标明了终点，但凭借其命定性占据了事件之地位。

引渡死亡或至少是不断地尝试，这一点可以在推迟事物开始的不懈努力中发现：终止变老，清除替代选择，甚至利用基因学的所有可能性预先操控出生。因为所有这些可能性在技术上都是可行的，技术已经替代了决定论，后者意味着在某一时刻两件事情相互排斥，彼此分离，各自有着不同的命运，但还是具有次第发生的无限可能性。如果这里不是两种对立的形而上学（只要技术不归入形而上学层级），至少是一个涉及自由的至关重要的问题。

但是，如果不再有任何的终点或限定，如果主体是不朽的，那么他就不再知道他是谁。我们的技术所制造的终极幻象正是这一不朽性。

完美的罪行

完美的罪行是对真实世界的清除，但是我更关注的是对原初幻觉的清除，一种有关世界的命定论幻觉。我们可以认定世界本身就是完美的罪行：它自身没有动机，没有等价物，也谈不上所谓的作恶者。可以想象，我们从一开始就身处犯罪的行当之中。

但是，在完美的罪行中，完美就是罪行。世界的完美，就是世界的完成、世界的完满，也因此就是为世界寻找一个最终的解决方案。我想起一则有关西藏喇嘛的寓言。数个世纪以来，他们一直在破解九十亿个神的名字。[1] 某一天，他们

---

[1] 亚瑟·C. 克拉克，“神的 90 亿个名字”，收入《关于时间和星星》（*Of Time and Stars*, 伦敦：企鹅，1992），第 17—23 页。——英译者注

请来 IBM 公司的人，这些人用随身携带的电脑在一个月之内完成了所有工作。西藏喇嘛曾经预言，一旦所有神的名字登列完成，世界末日就到了。显然，IBM 公司的人并不相信这一点。但是，当他们带着已完成的目录清册返回山下时，他们看见天上的星星一个接一个地消失了。这则出色的寓言讲述的是，一旦得到最终验证——通过计算和真相使世界达到完美——世界就会毁灭。

面对本为幻觉的世界，所有伟大的文化一直在努力通过幻觉来应对幻觉，所谓的以毒攻毒，而我们偏偏要用真相来削减幻觉——这是最异想天开的幻觉。然而这一最终的真相，这一最后的解决方案，无异于毁灭。在世界、时间、身体中永存的完美的罪行，其焦点正是在于这种对物的客观验证、鉴别、验明正身所产生的消解。正如我所说过的那样，这等同于再次清除死亡。不再是死亡，而是毁灭。字面上看，毁灭意味着剥夺某物自身的终点，剥夺某物自身的期限。它要消解二元性，消解生和死之间的对立，把一切还原为单一原则的世界——我们称之为单向思维，它在我们所有的技术，尤其是今天的虚拟技术中表达自身。

在这一意义上，它既是针对真实世界的犯罪，使其变成一种无用的功能，但更为深入、更为根本的是，它也是针对关于世界的幻觉的犯罪，也就是说，它是针对最基础的非确定性、二元性、对抗性的犯罪，而所有这一切是构成命运、冲突和死亡的基石。所以，通过消解所有的否定性原则，某种程度上，我们最终得到一个整合、同一、总体可验证，也因此，正如我所看到的，被总体毁灭的世界。从这一点看，毁灭是我们的一种新的消失模式，我们以此替代死亡。

这就是完美罪行的故事，它在世界整体当下的“操作性”中展示自身，在我们对梦、幻象、乌托邦加以实现，进行数字化改写，把它们转化为信息的方式中展示自身，也就是最广为接受的意义上的虚拟化作业。这就是罪行：我们在总体完成的意义上达到完美，总体化就是终结。不再有其他目的地，甚至不再有“他处”。完美的罪行摧毁他性，摧毁他者。它受制于同一。世界同化于自身，与自身同一，排除任何他者的原则。

今天，“个体”观念的基础不是哲学的主体，也不是历史的批判主体，而是一个完美的操作性分子，由它自生自灭，命中注定只能自我问责。没有了命运，它所拥有的将只是一种预先编码的发展，在自我同一化中无限复制。这一“克隆”，在其最广为接受的意义上，是完美罪行的一部分。

命运

谈及命运，我倾向于使用一个借自地理的图景，即有名的“大陆分离”图景。在美国，一些河流注入大西洋，一些河流注入太平洋。作为这一分离的结果，两个部分在一个既定点上不可逆地分开，而且永不再重合。这一分离是一劳永逸的。我们可以说生育亦是如此，也是永远的分离。某物取得了实在，某物则不然。未生成的成为他者，并将贯彻始终。

命运可以说是一种确定的、不可逆的分离形式，而一定的可逆性意味着分离物之间始终存在着共谋。亚原子粒子物理学同时涉及粒子的可分性和不可分性。无论它们去往何处，哪怕已经明确分开，粒子与反粒子仍然相互约束，相互连接。

当然，我无法过度引申这一类比，但是它可以解释悲剧中的命运，即在同一星兆（sign）下生生死死。这一星兆导向生命、导向存在，还导向死亡。在同一个命定的星兆下，事物开始，事物结束。这就是有名的撒马尔罕（Samarkand）死神故事的意义……在城市广场上，一个士兵看见死神在向他召唤示意，受到了惊吓，赶忙前去求见国王，说："死神已经向我发出召唤。我要逃得越远越好，我想逃到撒马尔罕去。"国王下令让死神来见他，让他解释为什么惊吓这个上尉。死神告诉国王："我并不想惊吓到他。我只是想提醒他今晚我们有个约会——在撒马尔罕。"可见，命运拥有这样一种形式，它是圆球形的：你越是远离那一点，就越是向它靠近。

严格来说，命运不具有"意向"。有时你会有这样一个印象，当名望和成功向你走来时，不知在何处会出现一种反向机制，不可预见地将幸福转化为悲剧。对命定的事件，你无法解释它的原因，但某一刻它定义了所有因果性，这种因果性来自别处，却带有这种神秘的目的。比如，我们可以找到戴安娜王妃的死因，尝试将该事件简化为这些原因，但是以原因合理化结果的行为往往是种逃避：我们无法通过这种方式穷尽事件的意义或非-意义。由此，事件的构成因素从肯定转向否定，这一转向意味着事情太过幸运，从而导向灾难，就好像有一种集体献祭之力在默默起作用。命运的本质一直是行动中的可逆性。在这一意义上，我想说的是，世界在思考我们——不是一种话语式的思考，而是以错误的方式，抵抗我们以正确的方式思考它。我们中的每一个人都能够轻松地发现这样的例子。甚至在巧合中也拥有完整的艺术。当精神分析谈论口误、玩笑里的词语置换时，这些事情也是巧合：在一个特定的点上，能指之间有一种怪异的吸引性，这种吸引性构成了灵异事件。

说起我们被给予或许诺的完全计算机化的世界的反面，我能够马上想到的是除了巧合别无其他的世界。巧合的世界不是机遇和非确定性的世界，而是命运的世界。总之，所有巧合都是注定的。于是，站在目的对立面的，站在具有明确目标对立面的，就是命运，或换句话说，就是具有神秘目的（destination）或预定式目的（pre-destination）

的东西，尽管不是在任何宗教意义上。预定论会说：这样一个时刻预兆着另一个特定的时刻，这一个词预兆着另一个词，正如在诗歌里，你会有这样的印象，词语总是注定相互遭遇。

诱惑也是一样，也有一种预定论：在男性气质和女性气质之间，我不认为仅仅存在一种差异关系，还存在一种命运的形式。一个命中注定为了另一个，这是一种互换的、二元的形式，而不是——与广为流传的观念相反——个体的命运。命运是我们和世界之间的象征交换，这一交换思考我们，我们也思考这一交换，在其中，冲突和共谋同时出现，事物叠缩，事物互为共犯。

这就是犯罪之所在，一个悲剧的维度。惩罚必将到来，不会失约：这里有一种可逆性，它意味着所有一切都含有复仇的种子。正如卡内蒂所说："不必期待复仇，它终将到来，它的出现是自主的，借由事物的可逆性。"这就是命运的形式。

不可能的交换

我们处于普遍交换之中。我们所有的概念都会回到交换上，无论是商品交换，还是象征交换这一我常用的概念，在某种程度上后者是前者的对立面。事实上，交换框定了我们的道德，道德背后是这样一种思想，即一切都可交换，唯有可以赋予价值，可以从一个人传给另一个人的事物方能存在。

命运接近于不可能交换的观念，至少在理论意义上。命运不可能与任何事物相交换。它是这样一种存在，在某一特殊时刻，它是这样奇特，以致不可能基于任何合理性进行交换。所以，命运的激进维度可以说是不可能交换的激进维度。在我看来，交换是一种妄想、一种幻觉，但是所有的一切都谋使我们行动时就好像思想、词语、商品、货物和个体都可以进行交换一样……死亡本身也有可能与某物进行交换。为一切寻找理由——原因和目的——是交换的另一种模式。为了让这一妄想起作用，一切都必须在某处拥有一个参照或一个等价物。换句话说，一切都必须拥有一种在价值术语上进行交换的可能性。相反，不可能交换之物，粗略地说，可能相当于巴塔耶（Bataille）所谓的“被诅咒的部分”，而这必须被削减。

就我而言，尽管我认为我们已经竭尽全力，但不可能交换还是无处不在。如果以经济场域为例，作为一个首要的交换场所，原则上那里的一切都是可交换的，因为交换是进入这一场域的条件。但是，整体上的经济场域本身不可能与任何事物相交换。不存在可以作为衡量标准的元经济或超验经济，不存在此类经济交换可以依据的最终目的。在此之内，所有的循环形式都是可能的，但是不存在任何可以作为价值进行交换的超验物，任何“他物”。

我主张世界本身也是这样，或多或少。世界

不可交换，因为整体世界无处寻找等价物，因为一切都是世界的部分，没有可以作为衡量标准的外部，无以进行比较，以及用价值术语进行估量。在某种意义上，世界没有价格。

但是，一旦某物被命名、被编码、被解码，我们就再次回到交换的环路。在此处，“被诅咒的部分”也变成一种价值。不幸、悲惨——所有这一切如今轻易就能交易。可以说，存在一种否定性价值的证券交易，所以，作为既否定又虚拟之物，债务可以被交易，能够被买卖。我相信尼采提到过被赎回的债务。这一债务赎回是上帝的诡计：他派他的儿子赎回人的债务，其结果是人无论怎样努力都无法再去偿还，因为它已经由债权人赎回了。所以，人永远无法从债务中获得解脱，永远是一个负债者。今天，资本所做的事情就是上帝所做的：系统创造了一个无限的债务，一路不断地赎回它，不断地谈判，使其回到无限的循环中……这有点像魔鬼，他购买了人的影子，把它纳入再循环。

正是这一系统策略本身维持了一种在无物基础上的交换，但具有一种积极交换的全部有效性。

系统能够吸纳任何事物，但是它自身却无法等同于其他任何事物。任何系统——经济的、政治的或美学的——都拥有内在的决定性因素和合理性，从而使交换成为可能。但是，系统有自身的界限、临界质量、分界线，一旦越过此线，系统不再拥有任何意义，因为没有外在于系统之物来确认它们的价值。于是，我们进入了一个准超自然的不可能交换的维度。某一点上，我们的交换道德律不再起作用。我们怎样称呼这一他域？它不是世界，因为按照我们的概念，世界标示出一个空间，所有一切都可以在其中进行交换：我们处于普遍交换之中。在其中，某物与价值——与赋予该物以意义的参照物——的和解在任何情况下都不会发生。所以，没有交换，只有二元性。在交换中也存在两者，但更重要的是两者之间的往来，循环（在契约双方同意下的一致共商的循环），而在他域，共识无法操作。结果是，系统束缚于这一界限，束缚于这一不可能交换的障碍。所有系统的发展都会凭借不断扩张的增殖乃至饱和，而遭遇这一不可能交换的障碍。其影响是使它们失去了内在的平衡。

但是，我们正在发明一个绝妙的一般等价物——虚拟。它把自身展现为一种加密、编码，由此，它可以通过同样极端还原的尺度来衡量一切：一种二进制的尺度，在 0 和 1 之间切换。这是交换的最后形式，最抽象形式，也是阈限形式，接近于不可能交换。我们可以把它和不确定性联系起来，在物理学中使用的“不确定性原理”的意义上。所有一切都把我们带入一个浸透着显而易见的非确定性的世界。不再是那种与科学落后或远未成熟的心理结构的非确定性相关的问题。总是存在这样一道界线，越过此线，系统将无法证明其建构的基础，由此转而反对自身。在物理学中，非确定性原理表明人们既无法确定粒子的位置也无法确定粒子的速率。对我们来说，它指明了人们无法定义某物——比如，生命——同时确定其价格。人们难以同时获取真实和表征：我们永远不再可能同时掌控两者。

二元性

到头来，这些平行的世界恰恰是现实因为我们过于努力使其整合和同一而走向分解的结果。我们是否可以把二元性——在某种意义上，可逆性是它的一种实用形式——视为一种原则？我们在这里处理的是否是一种世界的秩序或失序，正如摩尼教思想所宣称的那样，在此，根本上存在两条永恒的原则，善和恶，它们在对立中共存。如果被创造的世界是一种恶的结果，如果恶是它的能量，那么在那里发现善——和真——的情况就相当奇怪了。我们总是好奇于事物的反常，好奇于人类本身的反常……但是我们应该追问这样一个相反的问题：何以在某个点上，善竟能存在？何以秩序的原则得以在一个稀薄的层面上建立起来——规范和平衡得以运作的根本？这样的奇迹无法可解。

我以另一种眼光看待问题。我们发现非常难以理解的是二元原则，我们受一般同一性哲学的影响如此之深，所有对这一哲学的违背都被认为是无法接受的。我们试图控制的并非到底是哪一个，而是在这一假设的名义下，哪一个不应存在。对我来说更加迷人的是，把不可逆的、不可调和的二元性作为基础性原则。我们用辩证的术语以这样一种方式使善和恶彼此对立，是为了存有道德的可能性，也就是说，为了能够选择其一。眼下，尚无迹象表明我们可以基于一种反常的可逆性进行选择，其意味着在大多数情况下，所有向善的努力都会在中期或长期生出恶。也存在相反的情况，恶会导向善。善和恶完全是波动的，依情况而定，以至于有区别地考虑这两个原则，以及基于某种道德理性在两者之间做出可能的选择只能是一种幻想。

借用有名的冰山隐喻。二元性假设，善是恶的十分之一，突出在表面上……不过，时不时地，会出现恶替代善的转折点，那时冰山融化，一切回到流动的状态，善和恶融为一体。在任何情况下，我都会把二元性作为所有能量的真正来源，而不去判决哪一条原则——善或恶——为首要。关键在于它们之间的对立，以及建立世界秩序，同时解释它的非确定性总体语境之不可能。我们无法做到这点，这便是恶。

思想

世界思考我们，但这是我们在做此思考……实际上，思想是一种二元形式。它不是基于个人主体，而是在我们和世界之间分享的形式：我们无法思考世界，是因为它在某处思考我们。那么，问题就不再是主体—思想，即通过把自身置于客体之外，与客体保持距离来构建秩序。或许，这种情形从未存在过。毫无疑问，它仅是一种强制性的知识表征，尽管不可思议地被广泛接受。但是，情况已经发生改变：世界、表相、客体正在迸发。我们一直试图使之处于被分析状态的客体，开始了复仇……我非常喜欢这一复仇的想法，非常喜欢这一反程效应，它迫使我们正视客体。这是非确定性生发之地，但是，难道不是思想把这一非确定性注入世界的吗？或者，难道不是关于世界的激进幻觉污染了思想吗？这一点可能永远无法确定。事实是，思想主体的凝固性的消失，西方哲学基础的消失，对世界和思想之间象征交换的觉知，动摇了关于秩序和合理化的话语——包括科学话语。于是，思想再次变成世界—思想[1]，其中没有一个领域能够自诩对事物达到完全的分析性掌控。正如我所认为的那样，如果世界的状况是悖论的——模糊、非确定、随意或可逆，那么我们必须寻找一种本身具有悖论性的思想。如果思想要对世界造成冲击，它就必须处于世界图景之中。曾经，客体的思想与我们假设的确定的世界图景完全匹配，如今已无法适用于一个不确定的、动荡的世界。因此，我们必须重获一种事件—思想，设法使非确定性成为原则，使不可能交换成为规范，理解我们不可能基于真理或现

---

[1] 波德里亚关于这一概念的注解见一段访谈录像，可以看作本书的声像前史："于是，思想重归于世界的进程……它再次成为一种思想—世界，也就是说，它在世界中制造事件，但它本身也是世界的一个事件……而世界也在思想中制造事件。"见"通关密码：让·波德里亚"（由莱斯利·格伦伯格［Leslie F. Grunberg］策划、皮埃尔·布尔热瓦［Pierre Bourgeois］执导的谈话），蒙巴纳斯出版社，2000，录像带卷2。——英译者注

实进行交换。究竟是基于何物，依旧是待解之谜。在不宣称掌控意义、处于表相流动中而不指向真理的情况下，思想将如何安顿自身？这就是不可能交换的原则，并且在我看来，思想必须考虑到这一点，必须把不确定性变为一种游戏规则。但需要了解，这可能是一个没有任何结局的游戏，是一种绝对的幻觉形式，也因此是一种绝对的投入游戏[1]的形式，甚至其自身的状态也成为游戏的一部分。

事物的秩序，表相的秩序，不再能托付给某个知识的主体。我所期待的思想是充满悖论，充满诱惑的，前提是——很显然——诱惑不意味着献媚的狡计，而是认同的异轨（détournement），存在的异轨。

思想的工作并非对事物的识别，如同合理性思想，而只能是对事物的去同一化、对事物的诱惑，也就是说，事物的异轨，尽管思想的幽灵将以自己之名整合世界。

---

[1] putting-into-play（投入游戏中）从词源上学上说是 illusion（幻觉）和 ludere（做游戏）的组合。——英译者注

显然，这类思想如同破坏分子，以幻治幻。我不认为它具有普适性。或许我们必须接受思想的两个层面：一是具有因果关系的、合理的思想，与牛顿的世界、我们生活在其中的世界相吻合；另一个是更为激进的思想，可以说是世界的秘密目的的一部分，对这个世界来说，它可能是一种致命的策略。

结语

虽然用结语一词未免妄自尊大，但我认为我们一直在这样一条道路上旅行，在此术语——死亡、致命、女性气质、拟真——螺旋式地进入相互代谢状态。我们未曾朝某种可能的终极目标迈进一步。我们只是穿过了一系列范式，除了变形之流，没有终点。因为，如果概念死了，它们是一种自然死亡，从一种形式过渡到另一种形式，如果允许我如此表达的话——这仍然是最佳的思考方式。所以，没有终点，也因此没有结论。对我而言，思考是激进的，只要它没有宣称以这种或那种现实来证明自身，验证自身。这并不意味着它否定现实存在，并不意味着它不把现实的影响力放在眼里，它视为核心之重的，是将自己看作已知规则的游戏的一分子。唯一确定的是不可确定性，以及将会一直如此，整个思想活动的目的就是要保持这样的状态。

但是，这种非决定性不可让渡的在场并未引导我去做非处境化的思考，也就是只关注抽象的沉思，摆弄哲学史上的观念。我尝试把自己从指称性的、目的论的思考中解放出来，恰恰是为了追求思想游戏，这思想意识到还有某物在思想它。这就是为什么我总是尽可能地去接近当下的流行事件，不是用社会学或政治学术语，而是测量它们与另一个与之永恒冲突的平行世界中所发生事件之间形成的入射角。

思想必须扮演一个灾难性的角色，自身必须是灾难的一分子、一个激发性因素，在一个打算决绝地消解一切，包括死亡和否定性的世界中。但是，它决不能丢弃关注人类的人道主义，并且最终将重新获得善 / 恶、人类 / 非人类的可逆性。

译后记

这本小册子的翻译，是在责编的严格审读下定稿的，其中的许多地方她都提供了意见，与我商榷。编辑的责任心和专业能力给我留下了深刻印象。我想有这样的编辑，河南大学出版社出版的书籍，其质量的可信度一定会更高，不会辜负读者的期待。翻译是一件难事，尽管本人尽力，但不妥之处在所难免。如果有任何翻译上的问题，责任应由我来承担。敬请读者批评指正，以便今后有机会再版时修改完善。

另外，这本书原文法文，本人是从英译本转译的。如果是一个好的英译者，我相信波德里亚的思想会很好地得以传达。

译者
2018 年 10 月 15 日

人文科学译丛

汪民安　张云鹏　主编

［加*者为已出］

马奈的绘画*

[法]米歇尔·福柯

齐泽克的笑话*

［斯］斯拉沃热·齐泽克

大象无形*

［法］朱利安

界限哲学*

［美］德鲁西拉·康奈尔

反讽之锋芒*

反讽的理论与政见

［加］琳达·哈琴

政治与文学*

［英］雷蒙德·威廉斯

幼年与历史*

经验的毁灭

［意］吉奥乔·阿甘本

无目的的手段*

［意］吉奥乔·阿甘本

虚拟的寓言*

［加］布来恩·马苏米

时间的旅行*

［美］伊丽莎白·格罗兹

灵长类视觉*

现代科学世界中的性别、种族和自然

［美］唐娜·哈拉维

类人猿、赛博格和女人*

自然的重塑

［美］唐娜·哈拉维

他者女人的窥镜*

［法］露西·伊利格瑞

脆弱不安的生命*

哀悼与暴力的力量

［美］朱迪斯·巴特勒

战争的框架*

［美］朱迪斯·巴特勒

宽忍的灰色黎明*

法国哲学家论电影

［法］米歇尔·福柯 等

福柯/布朗肖*

［法］米歇尔·福柯　［法］莫里斯·布朗肖

作为生产者的作者*

［德］瓦尔特·本雅明

理想主义之后的伦理学*

［美］周蕾

狱中札记*

［意］安东尼奥·葛兰西

柏拉图的理想国*

［法］阿兰·巴迪欧

当前时代的色情*

［法］阿兰·巴迪欧

论争*

关于当代政治与哲学的对话

［法］阿兰·巴迪欧　［法］让-克洛德·米尔纳

哈耶克文选*

［英］弗里德里希·冯·哈耶克

现代性的终结*

［意］基阿尼·瓦蒂莫

后人类*

［意］罗西·布拉伊多蒂

自然的政治*

［法］布鲁诺·拉图尔

尼采与哲学*

［法］吉尔·德勒兹

火的精神分析*

［法］加斯东·巴什拉

水与梦*

论物质的想象

［法］加斯东·巴什拉

神话与意义*

［法］克洛德·列维–施特劳斯

安提戈涅的诉求*

生与死之间的亲缘关系

［美］朱迪斯·巴特勒

马拉美*

塞壬的政治

［法］雅克·朗西埃

贝拉·塔尔：之后的时间*

[法]雅克·朗西埃

形而上学和科学外世界的虚构*

［法］甘丹·梅亚苏

噪音：音乐的政治经济学*

［法］贾克·阿达利

瓦格纳五讲*

［法］阿兰·巴迪欧

德勒兹概念*

哲学、殖民与政治

［澳］保罗·帕顿

福柯：其思其人*

［法］保罗·韦纳

有限性之后*

［法］甘丹·梅亚苏

中国思想史*

［法］程艾蓝

消失的美学*

［法］保罗·维利里奥

对话*

［法］吉尔·德勒兹　［法］克莱尔·帕尔奈

德勒兹与政治*

［澳］保罗·帕顿

密码*

［法］让·鲍德里亚